UN CŒUR TRANQUILLE ET SAGE

Titre original : *The Mindfull Child. How to help your kid manage stress and become happier, kinder, and more compassionate*

© Free Press, 2010

© 2010 par Susan Kaiser Greenland pour l'édition originale en langue anglaise
Tous droits réservés, y compris le droit de reproduction de tout ou partie de l'œuvre.
Cette édition a été publiée avec l'autorisation de Free Press, une filiale du groupe Simon and Schuster, Inc., New York.

© Éditions Les Arènes, Paris, 2014, pour la traduction française

ÉDITIONS DES ARÈNES
27, rue Jacob, 75006 Paris
Tél. : 01 42 17 47 80
arenes@arenes.fr

Un cœur tranquille et sage
se prolonge sur le site www.arenes.fr

Susan Kaiser Greenland

UN CŒUR TRANQUILLE ET SAGE

LA MÉDITATION, UN ART DE VIVRE POUR LES ENFANTS

Traduit de l'anglais (États-Unis) par Laurent Bury
Illustrations de Marc Boutavant

LES ARÈNES

Soyez pleins d'amour
Soyez heureux et confiants
Vivez en paix
Sans soucis

Un élève de CE1

Pour Seth, parce qu'il m'a vue

Que le monde soit heureux
Que le monde soit pur
Que le monde ne finisse jamais
Que le monde soit ainsi
Que tout devienne réalité

Un poème d'un élève
d'une école primaire Inner Kids

Introduction

Le nouvel ABC : Attention, Bien-être et Compassion

Après la fête d'anniversaire organisée pour les six ans de mon fils, je regardais par la fenêtre de la cuisine les derniers enfants qui jouaient encore dans le jardin. La petite voisine faisait la roue sur notre pelouse jonchée de ballons dégonflés. Mon fils était assis avec un ami sur le seuil : ils feuilletaient une bande dessinée qu'il avait reçue comme cadeau. C'était un merveilleux après-midi paisible.

Soudain, ce beau calme fut brisé : la porte de la cuisine s'ouvrit toute grande, et les garçons entrèrent en trombe, au bord des larmes. Je leur demandai ce qui n'allait pas, mais ils étaient surexcités et incapables de s'expliquer. Personne n'était en danger, mais ils étaient dans un état tel qu'ils ne parvenaient pas à se calmer. Alors j'ai pris une « boule à neige » sur une étagère et j'ai remonté la boîte à musique qui lui servait de socle. J'ai secoué la boule et l'ai posée sur la table, j'ai mis la main sur mon abdomen et j'ai demandé aux garçons de mettre aussi les mains sur le ventre. Ensemble nous sentions notre respiration monter et descendre, tout en regardant la neige tomber dans la boule. L'ami de mon fils hoquetait presque en tâchant de retenir ses larmes. Quand la neige s'est déposée au fond de la boule, je l'ai secouée à nouveau. Tout en regardant l'eau de la boule redevenir transparente, nous sentions notre respiration. Bientôt, nous pûmes voir les personnages à l'intérieur de la boule à neige et la respiration des garçons avait ralenti : leur corps s'était détendu et apaisé. Maintenant, nous pouvions parler de ce qui les avait effrayés.

J'utilise cette technique respiratoire et d'autres semblables pour aider les enfants à se calmer lorsqu'ils sont accablés par une émotion, et le pouvoir transformateur de la respiration n'en finit pas de m'étonner. Respirer est la chose la plus naturelle qui soit, la base de notre vie. Nous le faisons sans y penser, mais en exploitant la puissance de ce geste si simple, nous pouvons mieux gérer le stress et vivre plus heureux. **Le but de ce livre est de vous aider à aider vos enfants sur ce point : prendre conscience de leur respiration, prendre conscience du monde physique et de leur vie intérieure, développer leurs facultés d'attention, autant d'outils qui leur serviront toute leur vie.**

Il y a beaucoup à apprendre en prêtant attention à la respiration de nos enfants. Quand mon aînée, Allegra, est née, je suis devenue plus en harmonie avec la respiration de ceux qui m'entourent. La première fois que je l'ai tenue dans mes bras, je l'ai regardée respirer un moment, et chaque inspiration me rassurait : elle allait très bien. Mon fils Gabe est né deux ans et demi plus tard, et l'alternance régulière de ses inspirations et expirations me rassura autant que dans le cas de sa sœur. La respiration d'Allegra et de Gabe les accompagnerait toujours, et m'accompagnerait toujours. Ce que j'ai appris auprès de mes enfants, je l'ai également utilisé pour d'autres relations. Je me suis mise à passer du temps avec des membres de ma famille, qui souffraient de leur histoire personnelle, ou de leur grand âge ou d'une maladie, j'ai tendu l'oreille pour capter leur respiration, et j'entendais dans chaque souffle la promesse que nous passerions encore une journée ensemble. Des années plus tard, en y repensant, j'y ai reconnu des moments de pleine conscience, pratique très forte que j'ai ensuite étudiée de manière plus formelle.

La respiration de vos enfants est la porte qui sépare leur monde intérieur du monde externe. Pour la plupart, nous savons intuitivement qu'il est utile de nous mettre à l'écoute de notre respiration, mais nous oublions parfois qu'en prêtant attention à la respiration des autres nous pouvons apprendre comment ils réagissent à l'expérience de la vie. Si vous prenez le temps d'observer la vitesse, la profondeur, le rythme et l'intensité de la respiration de vos enfants, ils vous feront comprendre ce qu'ils éprouvent et pourront même vous alerter sur de possibles ennuis de santé. La respiration de vos enfants vous offre un aperçu de l'intérieur de leur vie. La pleine conscience peut passer par des choses simples : par exemple, rester un moment dans la chambre de vos enfants pour les regarder calmement et respirer avec eux avant de les réveiller le matin. Vous pouvez observer la respiration de votre conjoint ou partenaire pour deviner ce qu'il ou elle ressent et mieux synchroniser votre rythme avec le sien. Vous pouvez créer une connexion intense avec un parent âgé ou malade en écartant un moment les pensées et émotions que vous avez en tête pour vous accorder à sa respiration. Rien qu'en ralentissant pour remarquer la respiration des autres vous pouvez découvrir sur leur monde des choses qui vous échapperaient autrement. Et vous pouvez aussi découvrir votre propre monde.

La respiration de vos enfants n'est pas seulement un message venu de leur monde intérieur. Elle vous éclaire aussi sur leur monde extérieur, par exemple sur leur relation avec vous, avec leurs frères et sœurs, avec les figures d'autorité, avec leurs semblables et avec le monde social en général. Cela se voit particulièrement quand ils sont en interaction avec leurs amis. J'ai beaucoup appris sur ma fille en la regardant faire de l'aviron. Chaque printemps, son équipe participe à des régates. L'extrême concentration physique des sportives qui synchronisent leurs coups de rames est stupéfiante. Leur respiration fait avancer le bateau. Une respiration, un coup de rame, avec une précision de laser, alimentée par des années d'entraînement et par l'effort fourni lors de tant de courses. Chaque coup de rame exige qu'on se concentre sur l'instant présent (ce qui est en train de se passer), sollicite la sagesse acquise lors de courses précédentes (l'expérience passée) et la volonté de consacrer tous ses efforts à un objectif commun (le désir de gagner la course). Quand tout se passe bien, les rameuses sont entièrement accordées les unes aux autres, et cette façon viscérale de travailler ensemble en connexion vitale est un exemple de pleine conscience relationnelle.

Mon premier contact officiel avec la méditation en pleine conscience remonte à 1993 ; Allegra avait deux ans et j'étais enceinte de Gabe depuis trois mois. Nous habitions New York, je travaillais comme juriste pour ABC Television, j'avais une vie de famille épanouie, des amis merveilleux et des conditions de travail partagé qui me permettaient de passer du temps à la maison avec ma petite fille. La vie était belle. Belle au point de nous rendre aveugles, jusqu'au jour où nous avons appris que mon mari, Seth, était atteint d'un lymphome stade 4. Notre vie fut instantanément transformée.

Nous avions besoin de comprendre ce qui nous arrivait et besoin de gérer le stress qui nous attendait. Nous avons lu des livres et parlé à des amis. Finalement, Seth m'a emmenée au Zen Center pour gérer mon inquiétude par la méditation (fait incroyable, c'est lui qui souffrait d'un cancer, mais c'est à moi qu'il a fait découvrir la méditation). Après une réunion d'orientation, nous nous sommes assis en tailleur sur des coussins de méditation remplis de paille, face à un mur blanc, et c'est là qu'a commencé la formation à la pleine conscience. Dans ce silence étrange, mes pensées étaient assourdissantes. Je ne pouvais pas tenir en place.

Seth a démarré la chimiothérapie. J'ai abandonné mon travail et nous avons quitté Manhattan pour louer une maison dans l'État de New York. Nous espérions qu'un rythme de vie plus lent aiderait Seth à lutter contre le cancer, et cela a marché. Nous mangions bio quand nous le pouvions. Gabe est né, Seth a entamé un programme radical de thérapie alternative contre le cancer, et j'ai réessayé la méditation.

Grâce aux enregistrements de maîtres de méditation comme Jack Kornfield et Joseph Goldstein, j'ai découvert la pratique bouddhiste de la pleine conscience de la respiration[1]. Pour ce type de méditation, les instructions classiques prennent cette forme :

> … une fois dans la forêt, vous vous asseyez au pied d'un arbre ou devant une cabane déserte, vous croisez les jambes, le buste droit, et vous posez votre attention devant vous. En pleine conscience, vous inspirez, et en pleine conscience vous expirez[2].

Pour des parents, même la première étape – trouver un endroit tranquille sans rien qui vienne les distraire – peut être difficile. Mais avec un peu d'imagination, il est possible de prendre le temps de méditer, ce qui est la base de la pratique de la pleine conscience.

LE NOUVEL ABC : ATTENTION, BIEN-ÊTRE ET COMPASSION

Une des expressions que je préfère dans l'enseignement classique de la pleine conscience est celle de *fidèle laïque*, qui signifie « profane » et sert à distinguer ceux qui méditent, sans avoir prononcé de vœux monastiques, des moines bouddhistes. Le terme *fidèle laïque* reflète la vie d'un parent qui doit jongler avec quantité de responsabilités souvent en concurrence les unes avec les autres, et qui prouve chaque jour la vérité de ce dicton : « Si tu as besoin de faire faire un travail, confie-le à une personne occupée. » Ils arrivent à gérer leurs enfants, leur travail, leurs obligations envers la communauté, ils assistent aux réunions de parents d'élèves à l'école, servent des repas chauds, entraînent des équipes de sport, cousent des déguisements et participent au covoiturage. Les parents ont des vies si remplies qu'il pourrait sembler impossible de trouver un endroit tranquille pour méditer même peu de temps. Mais malgré le nombre d'enfants et de responsabilités que nous avons, il y a toujours dans notre agenda de la place pour méditer ; il suffit de faire preuve d'imagination pour trouver où et quand. Les parents méditent dans de curieux endroits à de curieux moments : sur un coussin dans leur chambre au réveil, assis à la table de la cuisine pendant que leurs enfants font la sieste, dans les embouteillages ou dans les chambres d'hôpitaux et les maisons de retraite. Nous saisissons le peu de temps disponible, partout où nous le pouvons, chaque fois que nous le pouvons. Nous méditons assis, en marchant, couchés, afin de pouvoir déployer dans notre quotidien la pleine conscience développée durant la méditation formelle. Ce n'est pas facile, mais nous pouvons trouver des créneaux horaires.

L'étape suivante dans la respiration en pleine conscience est : « Vous posez votre attention devant vous. Toujours en pleine conscience, vous inspirez, en pleine conscience vous expirez. » La formule « toujours conscient » est trompeuse, surtout compte tenu des différentes connotations qu'a le mot « conscient » dans la culture profane. Mais voici une description *classique* de la pleine conscience, que ceux qui découvrent la méditation trouvent souvent utile : *La pleine conscience est un miroir de ce qui se passe dans l'instant présent.*

Autrement dit, quand vous pratiquez la pleine conscience, vous voyez votre expérience clairement, telle qu'elle se produit, sans charge émotionnelle. Nous apprenons à y parvenir en ressentant l'instant présent tel qu'il se produit, sans l'analyser, du moins pour le moment. Remarquer une chose *sans* l'analyser ou sans penser à ce qu'elle signifie est une idée radicale pour beaucoup d'entre nous. Cela suppose que l'on apaise ses pensées, ses émotions et ses réactions, que l'on tienne son esprit à l'écart, afin de recevoir les informations de nos mondes interne et externe et afin de les voir clairement sans le filtre de notions préconçues. Et on peut accomplir cette tâche apparemment impossible rien qu'en se concentrant sur sa respiration.

Vous maintenez votre esprit sur la sensation de votre respiration tandis qu'elle va du bout de vos narines jusque dans votre poitrine puis en ressort. Si votre esprit vagabonde, comme il le fait en général, ce n'est pas grave. Quand vous voyez qu'il s'est éloigné, ramenez-le à la sensation du mouvement de votre souffle. Vous inspirez… Vous expirez. Vous oubliez tout le reste pendant la durée d'une respiration et vous ressentez ce que c'est que d'être en vie maintenant, à l'instant présent.

Cette technique de méditation et d'autres semblables sont pratiquées depuis des milliers d'années par toutes les grandes religions et les traditions contemplatives. Elles développent systématiquement l'attention tout en encourageant la générosité, la compassion et la connaissance de soi. La pleine conscience favorise le bien-être physique et mental ainsi que le développement personnel et moral, comme le confirment les données accumulées par les principales universités du monde entier. Beaucoup de gens trouvent que cela les rend simplement plus heureux. La pratique de la pleine conscience m'a aidée à identifier les schémas de pensée malsains et à répondre aux événements de la vie sans me juger sévèrement. Cela m'a aussi montré la voie vers un état de bien-être joyeux et transcendant qu'il m'était déjà arrivé de connaître, mais auquel je ne savais comment accéder délibérément avant d'apprendre à méditer.

Dès que j'en ai constaté les avantages pour moi-même, je me suis demandé si la pleine conscience pourrait aussi aider mes enfants. Comme leur vie serait enrichie s'ils pouvaient utiliser des techniques de pleine conscience adaptées à leur âge! Cependant, j'ai vite découvert que s'il existait des centaines d'endroits où les adultes pouvaient suivre une formation, ainsi que de nombreux bons ouvrages, il n'y avait à l'époque aucun programme ni livre permettant d'enseigner la pleine conscience aux enfants[3]. Je me suis dit alors que je pourrais peut-être adapter les techniques que je pratiquais afin de les rendre adéquates pour ma propre famille.

J'ai conçu des pratiques simples et je les ai enseignées à Gabe et à Allegra. Il n'y avait absolument rien de scientifique dans ce que je faisais, mais les enfants étaient intéressés, et j'ai vite senti un changement en eux. Vous leur auriez demandé s'ils pratiquaient la pleine conscience, ils auraient répondu non, mais ils utilisaient néanmoins la conscience de leur respiration pour s'aider à ralentir lorsqu'ils étaient surexcités et pour se calmer quand ils étaient contrariés. Mes deux enfants étaient désormais moins réactifs aux grandes et petites irritations. Quelque chose fonctionnait, et je me suis enhardie peu à peu. J'ai rencontré le directeur du Boys and Girls Club de Santa Monica à l'automne 2000 et lui ai proposé, à titre bénévole, d'enseigner deux heures par semaine dans le cadre de leur programme d'activités extrascolaires. Le directeur s'est d'abord montré réticent (ce qui n'a rien d'étonnant, puisque je n'avais alors aucun bagage scientifique), mais il a accepté et je me suis mise à improviser des cours dans la salle d'arts plastiques. Mon amie le Dr Suzi Tortora, thérapeute par la danse qui enseigne aux enfants le mouvement et la conscience de la respiration, est venue de New York et m'a aidée à incorporer au cours des mouvements en pleine conscience. J'ai alors élaboré la plupart des pratiques essentielles que j'enseigne aujourd'hui.

En 2001, un autre ami, Steve Reidman, enseignant à Los Angeles, entendit parler de ce que je faisais et me demanda de travailler avec ses élèves. Il avait une classe particulièrement turbulente et était prêt à tout pour les calmer. Ses élèves ont adopté mon cours et, à la surprise de tous, certains ont même transmis ces pratiques chez eux, à leurs parents. Mon anecdote préférée, cette année-là, qui depuis a été répétée souvent par des parents un peu partout, m'a été racontée par la mère d'une fillette de dix ans. Un jour, à l'heure de pointe, cette dame emmenait ses enfants à l'école, quand la circulation s'est bloquée. Contrariée, elle s'est mise à klaxonner, tout en cherchant frénétiquement un bulletin d'information à la radio quand, du siège arrière, une petite voix s'est élevée : « Maman, inspire profondément trois fois, ça te calmera. » La dame a suivi le conseil de sa fille, et la tension est retombée. Ça ne les a pas empêchés d'arriver en retard à l'école, mais ils y sont arrivés bien moins énervés que d'habitude. Ce jour-là, la pleine conscience a fait une nouvelle convertie parmi les parents d'élèves de l'établissement.

Mon cours avait de plus en plus d'élèves et, au bout de la première année, tout le monde le considérait comme une réussite, élèves, enseignants, parents et membres de l'administration. Fait significatif, l'atmosphère générale de la classe s'était améliorée, et Reidman attribuait cela en partie à la pleine conscience. Je suis revenue l'année suivante et, lentement, avec le bouche-à-oreille, le corps enseignant et la direction d'autres écoles m'ont demandé de venir chez eux.

Enseigner la pleine conscience dans les écoles est profondément gratifiant et peut avoir un impact positif de grande ampleur sur notre société. Pourtant, cet avantage, bien que considérable, diffère de celui que les enfants tirent lorsque leur famille tout entière pratique la pleine conscience. Plus je travaillais avec les écoles, plus j'ai reconnu les limites inhérentes à un travail avec les enfants hors du système familial. Avec Trudy Goodman, psychothérapeute et professeur de méditation, j'ai lancé un petit programme familial dans mon jardin afin de travailler directement avec les parents et leurs enfants.

La plupart des parents qui viennent me voir espèrent que leurs enfants apprendront à se donner assez de temps pour adopter le point de vue qui les aidera à prendre des décisions saines et productives, même dans les situations les plus stressantes ou provocantes. Ils veulent que leurs enfants aient une vie plus heureuse. Certains envisagent la pleine conscience comme une pratique spirituelle, mais ce n'est pas le cas de la majorité. Ils veulent juste aider leurs enfants à développer certaines compétences cruciales, par exemple :

* Aborder la vie avec curiosité, l'esprit ouvert.
* Se calmer quand ils sont en colère ou contrariés.
* Se concentrer et ne pas se laisser distraire.
* Voir ce qui se passe en eux et autour d'eux, ce qui leur arrive à eux, aux autres et à leur environnement, de façon claire et objective.
* Apprendre la compassion.

* Développer des qualités sociales comme la patience, l'humilité, la joie dans le bonheur des autres, la générosité et l'égalité d'humeur.
* Vivre en équilibre avec les autres et avec leur environnement.

Certains jeunes ont du mal à apprendre et à appliquer ces compétences, mais la plupart d'entre eux sont capables de pratiquer la pleine conscience lorsqu'ils reçoivent des instructions claires et concrètes, surtout s'ils vivent dans un environnement qui soutient ce processus. C'est particulièrement vrai quand les pratiques sont amusantes, et quand les enfants commencent à voir en quoi la pleine conscience peut les aider à négocier même les situations les plus complexes de la vraie vie. Ce livre vous montrera comment vos enfants et vous pouvez développer chez vous ces compétences extrêmement bénéfiques.

J'ai eu envie d'écrire ce livre pour aider les parents qui s'adressaient à moi parce qu'ils étaient démunis face aux problèmes de leurs enfants et qu'ils pensaient que la pleine conscience pouvait leur être utile. Par exemple, un enfant qui n'avait pas d'amis, et dont les parents ne comprenaient pas pourquoi. Un autre qui se bagarrait constamment à l'école – ses parents craignaient qu'il ne soit expulsé ou, pire, qu'il ne blesse grièvement un autre enfant, ou ne se blesse lui-même. Un troisième, atteint de troubles du sommeil, se réveillait souvent en pleine nuit et se mettait à pleurer sans savoir pourquoi, sans pouvoir s'arrêter. Un quatrième souffrait de douleurs fréquentes à cause d'une maladie, qu'aggravait la tension de son corps et de son esprit. Un autre encore semblait un enfant modèle, sauf qu'il se soumettait à une telle pression qu'il s'effondrait chaque fois qu'il n'atteignait pas la perfection. Les parents de ses enfants étaient désespérés, prêts à tout pourvu que cela puisse les aider.

Les enfants dont je raconte l'histoire dans ce livre sont un mélange de différents enfants avec qui j'ai travaillé. Je n'utilise jamais leur véritable nom et j'ai modifié tous les détails. Commençons par Nicolas, Melody et Charlotte.

Nicolas, élève de sixième qui m'avait été envoyé par son médecin, se plaignait d'être malheureux, vraiment malheureux, et il avait fini par contracter des troubles du sommeil et de la digestion. Son docteur était sûr qu'aucun problème médical sous-jacent n'expliquait sa tristesse, même si, comme ses parents, il admettait que les difficultés étaient graves et qu'il fallait y remédier. Quand j'ai rencontré Nicolas, son travail scolaire en pâtissait, tout comme sa vie sociale. Quand sa mère venait le chercher à l'école, Nicolas fondait souvent en larmes, disant détester sa vie, ses amis, tout et tout le monde, sauf sa famille.

J'ai demandé à Nicolas pourquoi il était malheureux. Il m'a dit qu'il ne pouvait identifier aucune cause particulière, mais qu'il n'arrivait pas à mettre de côté ses pensées négatives. Comme beaucoup d'adultes, il n'avait jamais envisagé la possibilité d'influencer sa façon de réagir à ses pensées et à ses émotions. Nicolas croyait que les pensées, positives ou négatives, vous venaient à l'esprit d'elles-mêmes et qu'on ne pouvait rien y faire.

Melody avait été étiquetée hyperactive. Le jour où je l'ai rencontrée, elle avait du mal à me regarder, elle répliquait aussitôt à tout ce que je disais, sans réfléchir, même quand mes propos n'appelaient pas de réponse. J'ai deviné qu'elle se comportait de même avec ses professeurs et avec ses amis. Les enseignants sont formés pour comprendre cette attitude, mais les autres enfants roulaient de gros yeux ou se moquaient d'elle. Non que ses remarques aient été stupides. Elles étaient même souvent intelligentes. Mais elle avait tendance à les formuler avec un enthousiasme déplacé, sans tenir compte du rythme ou de l'intensité de la conversation. Melody avait peu d'amies et n'était jamais invitée à jouer, à aller voir un film ou à participer à une fête d'anniversaire.

Charlotte, une lycéenne, m'avait été adressée à cause de maux de tête chroniques et pénibles. Charlotte souffrait d'une terrible migraine le jour où elle est venue me voir pour la première fois. Tandis que je parlais avec sa mère, elle se dirigea vers un coin de la pièce, en écoutant son iPod et en dessinant sur une ardoise magique. La mère de Charlotte remarqua ce qu'elle faisait et lui dit : « Charlotte, n'en fais pas trop, ça ne pourra qu'aggraver ton mal de tête. » Je fus stupéfaite en comprenant que Charlotte écoutait un cours de chinois sur son iPod et écrivait des phrases en mandarin sur son ardoise, malgré sa migraine. Ni Charlotte ni personne de sa famille n'était chinois. Charlotte apprenait le mandarin parce qu'elle espérait être acceptée dans une université grâce à sa maîtrise des langues. Sa mère avait tout fait pour persuader sa fille de se reposer, mais en vain. Charlotte persistait à croire que dans tout ce qu'elle tentait, elle n'avait le choix qu'entre la perfection absolue et l'échec total.

Il s'agissait là d'enfants intelligents qui s'étaient enfermés dans une vision du monde épuisante, dans un rapport négatif au vécu. La pleine conscience peut aider des enfants comme Nicolas, Melody et Charlotte à échanger leur cadre conceptuel négatif contre un autre cadre plus positif. Changer sa façon de penser et de réagir à la vie nécessite du travail, de la pratique, des modèles et des directives. Mais avec les efforts adéquats, un environnement favorable et un peu de chance, le processus fonctionnera et la transformation se fera naturellement. La première étape consiste à apprendre à identifier votre cadre conceptuel puis, si nécessaire, à le démanteler afin d'acquérir une meilleure vision de ce qui se passe en vous et autour de vous. C'est là que la pratique de la pleine conscience peut être très utile, pour ceux qui sont prêts, du point de vue développemental.

Il y a deux mille cinq cents ans, Aristote remarquait que « nous sommes ce que nous faisons régulièrement », et cela reste vrai aujourd'hui. Ce que nous pensons, disons et faisons aujourd'hui influence ce que nous penserons, dirons et ferons demain. Il est facile d'acquérir des schémas habituels de parole, de comportement et de pensée sans s'en rendre compte. La pleine conscience de la respiration, quand elle est pratiquée correctement, aide à développer une faculté d'attention forte et stable, capable de reconnaître ces schémas. Vous devez déterminer si vous avez, dans votre comportement, des tendances que vous souhaitez faire évoluer.

En pratiquant la pleine conscience, les enfants apprennent des compétences qui les aident à trouver la sérénité, qui leur ouvre l'accès à leur expérience interne et externe, et qui confèrent une qualité réflexive à leurs actions et à leurs relations. Vivre ainsi aide les enfants à se connecter à eux-mêmes (qu'est-ce que je ressens/pense/vois ?), aux autres (qu'est-ce qu'ils ressentent/pensent/voient ?) et peut-être à quelque chose de plus grand qu'eux-mêmes. C'est une vision du monde où tout est perçu comme interconnecté. Quand les enfants comprennent que ceux qu'ils aiment et eux-mêmes sont connectés à tout le monde et à toutes les choses, ils adoptent naturellement un comportement éthique et socialement productif, ils se sentent moins isolés, la solitude étant un problème courant parmi les enfants et adolescents. **Dans un monde où les émissions de téléréalité les plus appréciées imposent de critiquer et de ridiculiser les participants, il n'est pas étonnant que les enfants ne tiennent guère en estime des valeurs démodées comme la gentillesse, la compassion et la gratitude.** Mais dans la pratique de la pleine conscience, ces qualités passent avant tout. Et parce que les enfants apprennent à être conscients de l'impact de leurs actions et de leurs paroles sur autrui, ils prennent les autres en considération lorsqu'ils se fixent des objectifs, et ils sont aussi plus susceptibles d'amabilité envers eux-mêmes, dans les moments d'échec, réel ou supposé.

Une erreur fréquente au sujet de la pleine conscience est qu'elle consisterait entièrement à rester immobile pour méditer. On ne saurait être plus loin de la vérité. L'introspection est un élément crucial pour comprendre notre vécu de façon claire et impartiale, mais à quoi bon développer cette compétence si les enfants ne peuvent y recourir dans la vraie vie ? La pleine conscience doit surtout leur permettre de naviguer au quotidien dans le monde, leur fournir des indications pour prévoir, organiser et résoudre des problèmes complexes. Cela les aide à définir ce qu'ils ont envie (ou besoin) de faire et à en préparer la réalisation.

CHAPITRE 1 À 4 : LES PIERRES ANGULAIRES DE LA PLEINE CONSCIENCE

La pratique de la pleine conscience est un travail sérieux, qui a des conséquences importantes à long terme pour la santé et le bien-être, mais c'est surtout un plaisir, qu'on peut présenter de manière amusante et efficace. Dans les chapitres 1 à 4, je propose des activités et des exercices avec lesquels les parents et les enfants peuvent apprendre des techniques apaisantes fondées sur la pleine conscience et acquérir des facultés d'attention fortes et stables, les pierres angulaires de la pleine conscience. Le chapitre 1 se concentre sur la théorie scientifique de la pleine conscience, en incluant diverses façons de l'expliquer aux enfants. Comme il n'est que trop facile de prendre la pleine conscience – et surtout la formation de l'attention – trop au sérieux et d'oublier que le rire est en soi utile, bienfaisant et productif, les chapitres 2 à 4 sont pleins de jeux, de chansons, d'images et de poèmes qui m'ont paru efficaces pour développer les compétences de la pleine conscience. Par exemple, quand un jeune enfant est en difficulté ou en cas de conflit familial, on peut lui chanter une chanson sur l'art de respirer ensemble, il peut se calmer en posant sur son ventre un animal en peluche et en faisant semblant de le bercer. Les jeux et les chansons liés à la pleine conscience sont un moyen amusant d'aider les enfants à développer leur attention et à comprendre comment la conscience de leur respiration peut les aider à s'autoréguler. C'est aussi un moyen formidable de faire démarrer une période d'introspection.

L'un des plus grands défis pour ceux qui méditent est de mettre leurs pensées de côté et de goûter pleinement l'instant présent. La plupart du temps, nous pensons, et il peut être difficile d'y renoncer un moment. Mais quand nous nous amusons, nous avons tendance à mettre automatiquement la réflexion de côté. Jouer et chanter aide les enfants (et les adultes) à se libérer de leur cadre conceptuel, et ces activités sont un merveilleux prélude à la pratique de la méditation. Pour les débutants, il est plus facile de calmer les pensées naturellement, par le biais du jeu, avant de méditer, que de s'en abstenir délibérément une fois assis sur un coussin.

Si vous vous demandez « Mais comment amener mon fils ou ma fille à faire cela ? », voici ce que je suggère :

Concentrez-vous sur la sensation de votre respiration alors qu'elle parcourt votre corps. Si votre esprit s'éloigne, c'est parfaitement naturel ; ramenez-le simplement à la sensation physique de l'inspiration, de l'expiration et de la pause entre les deux. Rappelez-vous : il ne s'agit pas de penser à votre respiration ou d'y changer quoi que ce soit, mais simplement de ressentir votre respiration telle qu'elle se déroule, dans le calme.

CHAPITRES 5 ET 6 : VOIR ET COMPRENDRE CLAIREMENT L'EXPÉRIENCE VÉCUE

Aux chapitres 5 et 6, j'encourage les enfants et les adolescents à utiliser leurs facultés d'attention et leur conscience de la respiration pour mieux comprendre ce qui se passe en eux et autour d'eux. Quand ils remarquent un inconfort mental et physique, j'invite les enfants à faire comme s'ils étaient des scientifiques étudiant une espèce rare (eux-mêmes !) et à ressentir ce qui se passe dans leur corps et dans leur esprit. Ils utilisent leur curiosité innée pour mieux comprendre l'inconfort et, au début, ils se bornent à le ressentir. Change-t-il ou reste-t-il le même ? Bouge-t-il ou reste-t-il au même endroit ? Y a-t-il un lien entre ce qu'ils ressentent et ce qu'ils font ou disent ? Souvent, l'inconfort physique et mental se dissipe simplement parce qu'une partie de l'enfant le vit à travers le regard d'un savant curieux mais détaché. Le Dr Jeffrey Schwartz, de l'université de Californie à Los Angeles, décrit cette perspective scientifique non réactive comme celle d'un spectateur impartial. Quand je travaille avec des enfants, je souligne aussi que cette perspective se caractérise par la compassion et la clarté d'esprit. Je ne demande pas aux enfants d'ignorer les réalités agréables, mais de reconnaître qu'il peut y avoir beaucoup de choses qu'ils ignorent sur les personnes et les situations qui semblent difficiles ou injustes.

Le conte de *La Belle et la Bête* aide les enfants à comprendre qu'il ne faut pas se fier aux apparences. Au début de l'histoire, la Bête est horrible mais, peu à peu, la Belle découvre une Bête plus aimable derrière son aspect terrifiant. La révélation finale vient quand la Belle apprend qu'un maléfice cruel emprisonne un prince dans le corps de la Bête, et que c'est seulement en décidant de l'épouser qu'elle pourra le libérer. La Belle comprend qu'elle ne peut juger quelqu'un sur sa seule apparence ; autrement dit, pas étonnant que la Bête ait été si grincheuse jusque-là ! La pratique de la pleine conscience aide les enfants à voir au-delà de la surface des bêtes dans leur propre vie, en apprenant à les approcher avec curiosité, avec compassion et l'esprit ouvert.

Dès que les enfants ont appris à stabiliser leur attention, l'accent se déplace vers l'observation de l'expérience interne (pensées, émotions et sensations physiques) sans l'analyser, c'est-à-dire sans qualifier l'expérience de bonne ni de mauvaise. Par exemple, Melody a remarqué qu'elle avait l'habitude de vouloir répondre à toutes les questions, quelles qu'elles soient. Elle n'a pas jugé cette habitude bonne ou mauvaise. Elle l'a simplement observée et a prêté attention à ce qu'elle ressentait quand on ne l'interrogeait pas. J'ai encouragé Melody à remarquer ce qu'elle ressentait à chaque fois qu'elle voulait répondre à une question, en prêtant attention aux sensations de son corps. Les actions et réactions de Melody allaient évoluer avec le temps, mais elle devait d'abord établir une connexion entre ce qui se passait dans son esprit, dans son corps et dans son comportement.

Nicolas, Melody et Charlotte ont vu toutes les connexions entre leurs sentiments et différents aspects de leur vie. Nicolas a constaté que sa solitude et son ennui étaient liés à ses sentiments de tristesse, Charlotte a compris que travailler dur ne lui permettait pas toujours de se sentir mieux, que c'était même plutôt le contraire car le stress déclenchait des migraines chroniques. Nicolas et Charlotte ont formulé ces observations sans qu'elles aient le côté blessant d'un jugement. Ces trois enfants se sont davantage ouverts à leurs parents et ont parlé de leurs inquiétudes, de leurs craintes, de leurs objectifs et de leurs aspirations.

CHAPITRES 8 ET 9 : UTILISER LA PLEINE CONSCIENCE DANS LA VRAIE VIE

Aux chapitres 8 et 9, les enfants et adolescents utilisent ce qu'ils apprennent en pratiquant la pleine conscience pour mieux comprendre le monde extérieur et comment ils décident d'y vivre. En prêtant une attention soutenue à ce qu'ils font tout au long de la journée, ils peuvent découvrir les habitudes de leur esprit (procrastination, optimisme ou pessimisme, etc.) et de leur corps (s'ils sont actifs ou sédentaires, par exemple). Les enfants peuvent mieux percevoir comment ces habitudes affectent leur vie et mieux comprendre que certaines, comme la gentillesse, ont plus de chances que d'autres de conduire au bonheur.

Nicolas a compris qu'il avait tendance à ne pas choisir ce qu'il voulait faire et à laisser ses parents choisir à sa place. Il a vu qu'il ne choisissait pas non plus ses amis, mais se joignait à n'importe quel individu disponible. Il a décidé de se concentrer sur ce qu'il aimait faire et de trouver des amis qui partageaient ses intérêts. Melody a compris que lever la main chaque fois qu'un professeur posait une question (même quand elle n'était pas sûre de la réponse) n'était qu'une habitude. Sa maîtresse et ses parents l'ont encouragée à le faire moins systématiquement. La maîtresse a renforcé le comportement autorégulatoire de Melody en l'interrogeant vite, sachant que Melody aurait pris le temps de penser à sa réponse avant de lever la main. Melody est devenue plus réfléchie en apprenant à lever la main de manière délibérée et non plus automatique. Charlotte s'est rendu compte que son travail compulsif était une habitude. Sans réfléchir, elle travaillait chaque fois qu'elle en avait l'occasion. Du jour où elle a compris qu'elle travaillait par automatisme et non par volonté, elle s'est mise à réfléchir à quoi elle voulait consacrer son temps. Elle aimait le jazz et espérait devenir une excellente flûtiste, donc elle a décidé de passer plus de temps à écouter du jazz et à travailler son instrument, au lieu de s'ensevelir dans une activité superflue.

En ralentissant pour sentir objectivement et avec compassion ce qui se passe dans leur monde interne et externe, Nicolas, Melody et Charlotte ont vu qu'ils n'étaient pas les victimes impuissantes de leurs propres processus de pensée automatiques et qu'ils pouvaient maîtriser leur réaction à une situation, même s'ils ne pouvaient pas contrôler la situation elle-même. Après s'être découvert des intérêts et des amitiés plus satisfaisants, Nicolas est aussi devenu plus résistant et a remarqué, à son grand soulagement, que ses parents se détendaient.

Même si Melody n'était qu'à l'école primaire, elle a commencé à percevoir un lien entre son enthousiasme excessif et le mouvement de recul de ses camarades de classe. Peu à peu, elle s'est mise à repérer quand elle perdait le contrôle de ses actes et a souvent pu se calmer par la conscience de sa respiration. Elle est bientôt devenue capable de saisir des nuances qui lui échappaient jusque-là, et, surtout, elle n'avait plus tant de mal à se faire accepter. Très vite, elle s'est trouvé d'autres amies tout aussi enthousiastes et dont elle n'avait pas besoin de conquérir l'approbation.

Charlotte a décidé de ne pas se disperser et s'est rendu compte qu'en se montrant plus sélective elle avait plus de chances d'exceller dans un ou deux domaines sur lesquels elle se concentrait, qualité qui est précisément recherchée parmi les candidats aux universités. En se libérant de la tyrannie créée par son besoin d'être la meilleure dans tout ce qu'elle faisait, elle est devenue plus heureuse et plus détendue, plus à l'aise avec sa famille et ses amis. Elle s'est mise à sortir plus souvent avec des amis, à s'amuser. Et bien entendu, ses maux de tête sont devenus de moins en moins fréquents et de moins en moins pénibles.

Par la pratique de la pleine conscience, Nicolas, Melody et Charlotte ont commencé à voir leur vie sous un autre angle. Ils sont devenus moins repliés sur eux-mêmes et plus connectés aux autres. Beaucoup de ceux qui étudient la pleine conscience l'ont constaté. Par exemple, un lycéen écrit : « Avec la pleine conscience, j'ai compris que tout ne tourne pas autour de moi. Je le savais avant, mais maintenant c'est beaucoup plus facile de savoir que je peux être qui je suis mais pas le centre du monde. » Les grands penseurs, savants, hommes d'État, artistes, enseignants, parents et autres personnalités d'exception partagent cette idée, et c'est une perspective dont nous avons tous besoin pour avoir une pensée créative dans notre monde complexe et changeant.

LE NOUVEL ABC : ATTENTION, BIEN-ÊTRE ET COMPASSION

Chaque mouvement finit par accomplir une percée à partir de laquelle il n'a plus à défendre son message. La formation à la pleine conscience pour les enfants en est arrivée à ce point. En unissant une manière d'être plus réflexive et plus introspective aux éclairages de la psychologie moderne et de la neuroscience, nous pouvons affiner notre matière d'enseigner aux enfants. Les matières traditionnelles (lire, écrire et compter), si utiles pendant des générations, ne répondent plus entièrement à nos besoins. Aider les enfants sur ce plan est formidable, mais ce n'est qu'un des aspects d'une éducation complète. On a vu des enfants connaître une belle réussite scolaire mais se débattre du point de vue social et souffrir sur le plan émotionnel. On a vu l'influence du stress sur la santé et l'équilibre de nombreux enfants. En réponse, l'éducation s'est élargie pour envisager l'enfant tout entier. **Le but de la formation à la pleine conscience est de permettre aux enfants et adolescents de concilier les compétences scolaires, sociales et émotionnelles.** La pratique classique de la pleine conscience se focalise sur trois domaines : l'attention, la sagesse et les valeurs. Adaptées à un usage avec les enfants et adolescents, c'est le nouvel ABC de l'apprentissage : attention, bien-être et compassion. En développant les facultés d'attention et la compassion face au monde, les enfants reçoivent des outils qui peuvent les aider à mener une vie équilibrée.

Un mouvement international de parents en pleine conscience est en train de s'implanter d'un bout à l'autre des États-Unis ainsi que dans d'autres pays dont Singapour, l'Irlande, l'Angleterre, l'Allemagne, le Mexique et l'Australie. D'autres approches enseignent des manières d'être saines et productives, mais il leur manque l'élément critique de la pleine conscience : l'ouverture à l'expérience en train de se produire, attitude confiante, non réactive et propice à la compassion. En se donnant le temps de comprendre ce qui se passe dans leur monde interne et externe, les enfants peuvent identifier leurs talents et leurs difficultés grâce aux techniques de la pleine conscience. L'issue dépend de leurs capacités développementales (les jeunes enfants sont limités par leur degré de maturité physique et affective), mais ceux qui pratiquent la pleine conscience peuvent acquérir un sentiment d'équilibre et un esprit calme, concentré, capable de créativité, de bonheur, de tolérance et de compassion. Avec un tel esprit, l'enfant est mieux à même de définir ce qu'il veut faire et d'atteindre les objectifs qu'il s'est fixés. Avec un tel esprit, l'enfant sera prêt à transformer le monde pour le rendre meilleur.

Les États-Unis sont à présent en retard sur les autres pays riches en ce qui concerne la santé, l'éducation et le bien-être général des enfants. Parents et citoyens s'inquiètent, mais l'indignation publique reste discrète. Beaucoup d'Américains sont trop occupés à préserver leur famille et à maintenir la tête hors de l'eau pour lancer un mouvement de réforme ou même y participer. Accablés par les problèmes sociaux, économiques, environnementaux et géopolitiques du pays, beaucoup sont démoralisés et pensent que leur action ne changerait rien. Ils se trompent.

La pleine conscience offre un espoir. Au cours du siècle écoulé, les plus grandes personnalités publiques ont incarné la paix, la compassion et la sagesse : Martin Luther King, le mahatma Gandhi, Mère Teresa, le dalaï-lama, Robert Kennedy, Nelson Mandela et, plus récemment, Aung San Suu Kyi. Bien que très différents les uns des autres, ces individus ont de nombreuses caractéristiques en commun : la réflexion, l'intrépidité, la compassion, l'exigence morale, la persévérance, la vigueur, la pensée critique, l'empathie, autant de qualités acquises par l'introspection.

C'est peut-être dans la science de la pleine conscience qu'ont eu lieu les évolutions récentes les plus passionnantes. Par des études rigoureuses réalisées dans de grandes universités, des chercheurs ont montré que la pratique systématique et volontaire de la méditation peut transformer physiquement le cerveau adulte de manière bénéfique et objectivement quantifiable. Bien sûr, ces chercheurs énoncent une vérité que beaucoup de parents savent intuitivement : la réflexion et l'introspection ont des avantages psychologiques et éthiques. Si vous n'avez pas encore une pratique régulière de la méditation, je vous encourage à en acquérir une. Cela peut affecter la paix de votre esprit.

LA PLEINE CONSCIENCE ENSEMBLE

Depuis des millénaires, les poètes, les contemplatifs, les musiciens, les artistes et les romanciers tentent d'exprimer la nature essentielle de l'esprit, par le biais des formes, des couleurs et de mille autres manières encore. Selon moi, il y a deux points sur lesquels ils seraient tous d'accord : cette nature ne peut être saisie par les mots (d'après la théorie taoïste classique, « le Tao qui peut être dit n'est pas le Tao ») et c'est par l'expérience personnelle directe qu'on peut la comprendre.

Comprendre la nature de l'esprit ne se fait pas seulement par l'intellect ; on y parvient grâce à un équilibre de compréhension intellectuelle et d'expérience méditative. Et puis votre pratique méditative n'a pas à être complexe, longue ou formelle pour vous faire mesurer son potentiel : j'ai inclus dans ce livre des pratiques courtes à essayer, comme tremplin pour votre propre expérience introspective. Je propose aussi des moyens simples de les adapter pour que vous puissiez pratiquer avec votre enfant. En pratiquant d'abord seul les exercices pour adultes, puis avec votre enfant, votre propre expérience méditative permettra à votre pleine conscience de s'épanouir.

Commençons donc par pratiquer la pleine conscience, en l'adaptant de notre mieux, afin d'en transmettre les extraordinaires avantages à la prochaine génération. Et tant qu'à faire, amusons-nous !

Que ma famille soit pleine de bonheur
Que ma famille soit en sécurité
Que ma famille ne se dispute pas
Que ma famille soit unie
Que ma famille s'aime
Que ma famille soit gentille
Que ma famille s'entraide
Que j'aie plein d'amis
Que je sois en sécurité
et que je rencontre beaucoup d'êtres bons
Que tous mes souhaits soient exaucés

Un élève de sixième

1
Ce qu'il faut savoir de la pleine conscience

Au début des années 2000, j'ai enseigné la pleine conscience au Santa Monica Boys and Girls Club. Bien d'autres activités étaient proposées en même temps – piscine, football, basket, divers projets artistiques – de sorte que peu d'enfants furent d'abord attirés par mon cours, mais ces quelques élèves ont changé ma vie.

Un petit garçon de sept ans prénommé Ezra, un rouquin au visage constellé de taches de rousseur, et son espiègle amie Hannah comptaient parmi les plus assidus. Ils étaient inséparables. Le mercredi après-midi, je m'installais dans la salle réservée à l'art, avec des coussins, des grenouilles en plastique, des chronomètres et des puzzles. Les enfants allaient et venaient comme bon leur semblait, sans être obligés de participer. Hannah et Ezra entraient dans le groupe et en sortaient à leur guise. Ils avaient tous deux du mal à se concentrer longtemps ou à rester assis pendant plus de quelques minutes.

Au bout d'environ six mois, une autre enseignante vint assister à mon cours. Elle ne pouvait pas croire que des enfants puissent rester calmes et concentrés dans l'environnement bruyant du club, mais le directeur lui avait dit qu'un garçon de neuf ans avait changé de comportement, qu'il avait désormais une «attitude calme et non agressive» totalement «opposée à celle qui était auparavant la sienne». Elle voulait donc s'en assurer elle-même. Le directeur avait décrit la pleine conscience comme «amusante et paisible» et mon cours comme «amusant mais avec un objectif».

Alors que je bavardais avec elle après le cours, Ezra entra en courant dans la salle. Ce jour-là, il était particulièrement turbulent. L'enseignante jeta un coup d'œil vers lui et déclara : «Je ne vois pas comment ce garçon pourrait méditer. Vraiment pas.» Elle le dit sans méchanceté, mais comme si elle baissait les bras. Moi, j'aime les défis.

Je me suis installée face à Ezra au milieu des coussins de méditation. J'ai posé entre nous une grenouille en plastique vert et un gros chronomètre en plastique. Ezra n'avait pas besoin d'explications car nous avions déjà fait cela de nombreuses fois. J'ai mis en marche le chronomètre, en veillant à ce qu'il le voie bien et qu'il puisse vérifier lui-même le temps. Il a posé une main sur le ventre, j'ai mis une main sur le mien, et nous sommes restés là tous deux à respirer calmement, concentrés sur la sensation du mouvement de notre abdomen qui se soulevait et retombait. Personne n'a rien dit. Ma tâche était simplement de l'accompagner, la sienne était de se concentrer sur sa respiration à l'exclusion de toute autre chose, tant qu'il se sentait à l'aise. Quand il voudrait arrêter, il lui suffirait de stopper le chronomètre. Trois, cinq, huit minutes plus tard nous étions encore là, un temps long pour des adultes, à cause du bruit et des distractions de la salle, un temps extraordinairement long pour un garçon de sept ans qu'on croyait hyperactif. Ezra stoppa le chronomètre au bout de onze minutes cinquante-trois secondes. Je ne m'en suis pas rendu compte tout de suite, mais ce fut l'arrêt de mort pour ma carrière de juriste.

L'autre enseignante fut ravie et prit Ezra dans ses bras. J'aimerais pouvoir dire qu'il sortit calmement de la salle, concentré sur son esprit et sur son corps, mais ce ne fut pas le cas. Ezra partit en courant, plein de son énergie habituelle, et ma collègue me posa une question que, depuis, j'ai entendu un nombre incalculable de fois : Ezra avait-il *vraiment* médité ? Ma réponse, celle que je donne toujours, est que c'est bien difficile à dire. Certains enfants sont capables de méditer, d'autres non. La capacité à méditer d'un enfant varie selon sa capacité à diriger et à maintenir son attention. Mais peu importe qu'Ezra ait médité ou non. Ce qui compte, c'est que ses facultés d'attention étaient désormais plus importantes qu'au départ. Ces facultés lui permettraient à leur tour de voir plus clairement son vécu et celui des autres, avec bienveillance, avec compassion.

Depuis ces premiers cours au Boys and Girls Club il y a dix ans, j'en ai beaucoup appris sur la pleine conscience, l'éducation, la psychologie, la façon dont le cerveau humain se transforme grâce à la formation mentale, et l'art de promouvoir une saine harmonisation entre adultes et enfants. Tout cela a un rapport avec ce qui nous est arrivé ce jour-là, à Ezra et à moi.

Il y a trente ans, alors qu'il enseignait les sciences à l'université du Massachussetts, Jon Kabat-Zinn créa un programme de réduction du stress « fondé sur la pleine conscience » (MBSR) pour les adultes.

En deux mots, le professeur Kabat-Zinn enseignait aux adultes comment s'abstenir très brièvement de réagir ou même d'analyser une situation stressante, et comment se concentrer sur l'expérience du moment présent afin de la voir clairement. Et cela marchait. Cette compétence acquise permettait à ceux qui pratiquaient la MBSR de mieux contrôler leurs émotions et donc, lorsqu'ils étaient prêts, de réagir de façon plus réfléchie, calme, raisonnable. Quand j'ai commencé à pratiquer la pleine conscience avec des enfants, mon but était de suivre le précédent établi par la MBSR et d'enseigner des techniques apaisantes pour les aider à devenir plus attentifs, équilibrés et ouverts. J'espérais que la pleine conscience aiderait les enfants à voir clairement leur vie, à se fixer des buts réfléchis, et qu'elle leur donnerait des outils pour atteindre leurs objectifs, pour devenir des adultes plus altruistes.

La pleine conscience n'exige pas que l'on atteigne un état mental paisible. Quantité de fois, je suis restée assise longtemps sur un coussin sans même m'approcher d'un état mental calme et concentré. Ce n'est pas un échec, car cela fait partie intégrante du processus. Cela arrive à tout le monde. Le but de l'introspection en pleine conscience est *d'appliquer la conscience à ce qui se passe dans votre esprit et votre corps (vos pensées, émotions et sensations physiques, par exemple). Ne pas contrôler votre esprit, mais le transformer.* En tant que pratique orientée vers un processus, elle se situe à l'opposé de la journée de classe où l'on force souvent les enfants à mobiliser toute leur énergie vers un but rigide et statique, souvent mesuré par une notation standardisée. La pleine conscience est une autre façon d'envisager l'apprentissage, et j'ai pu constater qu'elle favorisait chez les enfants l'amour d'apprendre.

QU'EST-CE QU'UN ENFANT PLEINEMENT CONSCIENT ?

On me demande souvent à quoi ressemble un enfant pratiquant la pleine conscience. Quelles qualités peut-on attendre de lui ? Comment le reconnaître ? Divers articles scientifiques énumèrent des comportements spécifiques, des manifestations externes et des processus psychologiques indiquant que telle personne est plus ou moins consciente qu'une autre, mais ma description préférée de « l'enfant pleinement conscient » a été rédigée par un de mes collégiens : « Après un séance de Pleine Conscience, les élèves deviennent peu à peu plus positifs et moins fatigués, et leur stress commence à se dissiper. » Voilà, à mes yeux, le plus beau compliment qu'on puisse faire à ce programme.

Autre question que posent les parents : doivent-ils exiger de leur enfant qu'il médite tous les jours ? La réponse est non. Je n'exige jamais que les enfants méditent tous les jours, ni même qu'ils méditent tout court.

Il est relativement inhabituel que des enfants pratiquent d'eux-mêmes la méditation sur une base régulière, mais certains le font et ils me disent trouver un réconfort dans le calme et le bien-être que cela leur procure. Ce sont souvent des enfants dont les parents méditent régulièrement et ils sont accompagnés dans leur pratique, au propre comme au figuré. C'est formidable quand c'est le cas, mais ce n'est pas la seule façon de tirer profit d'une formation à la pleine conscience. Au lieu d'exiger une pratique régulière, vous pouvez montrer l'exemple en méditant régulièrement. Votre enfant aura peut-être envie de se joindre à vous.

Obliger les enfants à rester assis en silence pendant un certain temps peut présenter beaucoup de désavantages, notamment un ennui paralysant ; d'autres inconvénients peuvent être très sérieux. Réfléchir profondément, surtout couché dans une pièce au milieu d'autres gens, peut mettre certaines personnes en danger émotionnel. L'anxiété, la dépression et la gêne ne sont que quelques-unes des nombreuses raisons légitimes pour lesquelles méditer en public peut s'avérer particulièrement difficile pour certains enfants. Il est essentiel de se rappeler que, si vous travaillez dans une classe avec un public captif, des émotions douloureuses peuvent remonter à la surface durant l'introspection. Il n'est pas rare que les pensées et les émotions affluent dans l'esprit d'un enfant avec une force et une intensité telles qu'il devient pour lui difficile, voire impossible, de continuer seul.

Même quand aucune difficulté émotionnelle n'empêche l'enfant de pratiquer l'introspection, il est absurde de l'y obliger. Vous pouvez exiger de vos enfants qu'ils restent calmes, qu'ils se taisent et qu'ils imposent des limites et un contrôle à leur propre corps, mais il est impossible d'imposer des limites et un contrôle à ce qui se passe dans leur esprit. Si vos enfants ne sont pas intéressés, ils resteront peut-être assis sans bouger, mais il est peu probable qu'ils méditent. Si vous n'y prenez pas garde, la méditation peut devenir associée au châtiment et à la discipline, surtout avec des enfants habitués à être libres. Mon rôle est de semer des graines dans l'esprit et le foyer des enfants et des familles. À eux de les cultiver ensuite. Si l'on adopte une approche détendue et ludique, les enfants risquent moins d'être rebutés par la pratique de la pleine conscience ; si cela ne les intéresse pas dans l'immédiat, ce sera peut-être le cas plus tard dans leur vie.

La méditation n'est pas nécessaire pour qu'un enfant soit plus dans la pleine conscience, mais cela aide certainement. Si votre enfant trouve la méditation agréable et sans danger, il bénéficiera de cette pratique et d'autres formes d'introspection qui renforcent la conscience de soi. Mais il existe bien des manières d'introduire la pleine conscience dans la vie d'un enfant et la méditation est loin d'être la seule. Beaucoup de parents intègrent la pleine conscience au rituel du coucher, et se concentrer sur la sensation physique de leur respiration aide leurs enfants à s'endormir. L'une des pratiques les plus appréciées, évoquée au chapitre 3, est celle de la Berceuse et consiste à faire semblant de bercer un animal en peluche avec sa respiration.

VOUS ÊTES DAVANTAGE QUE LA SOMME DE VOS PARTIES

Grâce aux avancées remarquables de la science moderne, les chercheurs peuvent à présent identifier les connexions chimiques et nerveuses qui sont à l'origine des pensées, émotions et sensations physiques chez l'enfant, et ils peuvent associer certains éléments spécifiques de la pleine conscience à des bienfaits tangibles. Ces progrès scientifiques ont été rendus possibles par le travail de savants dévoués dans le monde entier, qui ont mis de côté leurs préjugés contre la méditation et ont osé y croire. Il y a quelques années encore, étudier la méditation était considéré comme indigne des meilleurs chercheurs ; néanmoins, beaucoup ont compromis leur carrière, leur réputation et leurs revenus pour appliquer les méthodes scientifiques à la pratique de la pleine conscience. Ils ont conçu des études en double aveugle qui peuvent être reproduites à volonté, par d'autres expérimentateurs, et ils ont ainsi validé la méditation aux yeux de gens qui ne l'auraient jamais prise au sérieux autrement. Beaucoup de ceux qui avaient d'abord regardé de travers les scientifiques travaillant dans ce domaine parlent maintenant de la pleine conscience, lui consacrent des articles et pratiquent eux-mêmes la méditation.

La science occidentale s'est penchée sur le domaine de la pleine conscience et l'a légitimé. Mais les neurosciences ne peuvent toujours pas expliquer le mystère de la conscience, l'expérience spécifiquement humaine grâce à laquelle nous sommes davantage que la somme de nos parties. Dans un éditorial du *Los Angeles Times*, Jonah Lehrer écrivait :

> Selon les données de la science, votre cerveau contient 100 milliards de cellules électriques, mais aucune d'entre elles n'est vous, aucune ne vous connaît ni ne vous aime. En fait, vous n'existez même pas. Vous n'êtes qu'une illusion cognitive élaborée, un « épiphénomène » du cortex. Notre mystère est impénétrable[4].

C'est dans ce mystère de la conscience, là où se rencontrent la science et la pleine conscience, que commence notre travail avec les enfants.

Chaque jour, en tant que parents, nous nous heurtons à des questions auxquelles il n'existe pas de réponse facile et à des mystères que nous ne comprenons pas. Aider nos enfants à faire des choix sains est l'une des tâches les plus ardues et l'une de nos plus profondes responsabilités. Que nous en soyons conscients ou non, ce que nous faisons avec nos enfants, notre façon de leur parler et notre façon d'organiser leur temps, influence leur personnalité et les oriente dans une certaine direction. Cette voie peut être créative, scolaire, artistique, sportive, spirituelle, toutes sortes de choses, mais elle affectera nos enfants pendant des années, souvent durant leur vie entière. Comment pouvons-nous aider nos enfants à choisir leur voie en toute intégrité ? Pour emprunter à Carlos Castaneda et au professeur de méditation Jack Kornfield (*Périls et promesses de la vie spirituelle*), il faut veiller à ce que cette voie soit connectée à leur cœur :

Toute chose constitue un chemin parmi des millions de chemins. Il convient donc de ne pas perdre de vue qu'un chemin n'est après tout qu'un chemin ; si l'on a l'impression de ne pas devoir le suivre, inutile d'insister. […] Mais cette décision de rester sur le chemin ou de le quitter doit être libre de toute peur ou de toute ambition. Je vous en avertis. Vous devrez regarder chaque chemin très soigneusement et avec mûre réflexion. Faites autant de tentatives que nécessaire. Vous vous poserez alors une question, et une seule […] : « Ce chemin a-t-il un cœur ?[5] »

Quelle que soit la voie choisie par votre enfant, la pratique de la pleine conscience l'aidera à choisir un chemin qui a un cœur.

QUATRE REGARDS SUR LA PLEINE CONSCIENCE

La pleine conscience a été élaborée il y a plus de deux mille cinq cents ans en réponse à une conception de bon sens du vécu quotidien : chaque aspect de la vie s'inscrit dans le cadre de quatre vérités fondamentales. Dans *Breath by Breath*, le professeur de méditation Larry Rosenberg décrit comme suit ces quatre vérités : la souffrance existe ; la souffrance a une cause ; la souffrance a une fin ; il existe un moyen en vue de cette fin[6]. Ces quatre idées nous montrent comment enseigner la pleine conscience aux enfants et à leur famille.

Première idée : la vie a ses hauts et ses bas

Il est facile de sous-estimer à quel point l'enfance moderne peut être stressante. Beaucoup d'enfants doivent deviner les règles qui leur permettront d'être acceptés de leurs semblables. Ce n'est pas simple, d'autant que l'échec peut coûter cher (ostracisme, harcèlement, solitude). D'autres enfants, par exemple, ceux qui ont des difficultés en classe, ceux qui se sentent tenus d'exceller, sont souvent confrontés à une anxiété paralysante quant à leurs échecs réels ou imaginaires. Dans les foyers où l'argent est rare, où il y a des problèmes médicaux, où les parents sont en conflit, les enfants passent parfois du stress scolaire à un environnement familial stressant. Quoi que vous fassiez et malgré tous vos efforts, même si vous êtes un bon parent, vos enfants seront confrontés à des problèmes qu'ils ne peuvent ignorer. La formation à la pleine conscience a pour but d'aider les enfants à mettre leurs problèmes en perspective, en comprenant mieux ce qui se passe dans leur monde interne et externe.

La plupart des problèmes se rangent dans la catégorie générale du *stress*, qui englobe tout, depuis les situations qui mettent votre vie en danger jusqu'aux menus tracas et pressions chroniques. Le stress est causé par des événements réels, imaginaires ou potentiels qui vous déséquilibrent et activent en réaction le système de stress de votre corps. Dans son livre *Why Zebras Don't Get Ulcers*, Robert M. Sapolsky, neuroscientifique à l'université de Stanford, décrit ce qui se produit quand la réaction de stress se déclenche. L'énergie est mobilisée et envoyée dans les tissus qui en ont besoin, le rythme cardiaque, la pression sanguine et la vitesse de respiration augmentent ; les projets à long terme sont différés en attendant la fin du désastre, les systèmes digestif, immunitaire et reproductif sont inhibés. La souffrance est estompée, la cognition affûtée, certains aspects de la mémoire s'améliorent, et une analgésie naturelle induite par le stress neutralise la douleur[7]. La réaction au stress peut nous sauver la vie en cas d'urgence, mais si elle est activée fréquemment sur une longue période de temps – à cause de soucis chroniques ou de problèmes émotionnels prolongés – elle peut peser très lourd sur notre corps et notre esprit. Nous sommes épuisés, nous devenons plus susceptibles de tomber malade. Une réaction prolongée due à un stress prévu est souvent plus dommageable que le stress proprement dit, non parce qu'elle nous rend malades, mais parce qu'elle augmente le risque de maladie ou réduit notre capacité de résistance à une maladie dont nous souffrons déjà[8].

Le stress est en grande partie subjectif. Les circonstances que certains trouvent stressantes ne dérangent pas d'autres personnes. Même des problèmes mineurs que beaucoup de gens jugent négligeables peuvent susciter chez quelques-uns un fort taux de stress. Ce décalage tient aux prédispositions génétiques de l'individu et à son expérience. Nous n'avons aucun contrôle sur notre patrimoine génétique, mais nous pouvons beaucoup influer sur notre vécu. Et il est prouvé que la pratique de la pleine conscience aide les adultes à gérer les événements stressants.

Deuxième idée : les illusions rendent la vie plus difficile que nécessaire

La recherche d'une solution magique à tous les problèmes de l'enfance a fait apparaître une foule de méthodes d'enrichissement pour enfants, régimes, exercices physiques, thérapies et quêtes spirituelles. La plupart de ces programmes peuvent bénéficier aux enfants et aux familles, mais leurs avantages sont tellement exagérés par ceux qui les suivent que les parents nourrissent des espoirs irréalistes. De ce fait, de bonnes méthodes perdent toute crédibilité et disparaissent. J'ai rencontré des gens qui évoquent la pleine conscience comme une baguette magique qui offrira à leurs enfants l'accès à tous les avantages matériels : réussite sociale, succès scolaire, richesse et même gloire. Je tiens à souligner que la pleine conscience ne relève pas de la magie. Ce qui est magique, en revanche, c'est qu'un enfant puisse pour la première fois voir clairement et sans charge émotionnelle ce qui se passe en lui et autour de lui. Cela vaut même quand la découverte est désagréable.

J'ai découvert le lien entre une vision claire et le vrai bonheur dans un lieu inattendu : à la station-service où je fais laver ma voiture, et où l'on vend aussi des cartes de vœux. Un jour, peu avant la fête des Mères, j'y suis entrée afin d'acheter une carte pour une amie et j'ai vu un énorme étalage de cartes de fête des Mères. J'ai aussitôt tourné le dos. Jusque-là, je n'avais jamais pris conscience de mon aversion pour ce phénomène. Suivant la tradition éprouvée de la pleine conscience, lorsque j'ai identifié cette aversion, je me suis retournée, j'ai respiré profondément deux ou trois fois, puis j'ai à nouveau regardé les cartes. J'ai noté toute la gamme de sentiments, d'impressions et de sensations physiques que l'étalage suscitait en moi et je n'ai pas été surprise qu'il me rappelle ma mère, récemment décédée. Une vague de tristesse a déferlé sur moi.

Très vite, pourtant, je me suis mise à regarder ces cartes l'une après l'autre, fascinée par les slogans doucereux, les images d'animaux familiers et de couchers de soleil. Rien de tout cela n'évoquait en moi la moindre résonance. Je me suis demandé à quoi ressemblerait une carte de fête des Mères qui refléterait vraiment tout ce qui constitue le véritable univers d'une mère : changer une couche qui empeste, nettoyer du vomi, ou tenir son enfant aux urgences pendant qu'un médecin lui fait des points de suture. Ces composantes de la maternité sont loin des images génériques et mièvres des cartes. En tant que mère, j'ai appris à tolérer des spectacles, des sons, des odeurs et des sentiments désagréables, pénibles, en dehors de ma zone de confort. J'ai appris que la souffrance et l'inconfort peuvent être aussi essentiels que la joie dans une maternité. J'en suis venue à aimer le sentiment électrique et vibrant qu'on éprouve à vivre pleinement une expérience, pas seulement les moments sublimes mais aussi les moments déplaisants. Le vrai bonheur, je l'ai compris, vient de la clarté, et l'illusion engendre le malheur. Par exemple, je n'aurais jamais connu la joie profonde que peut apporter la maternité si je m'étais tenue à l'écart des expériences les plus effrayantes. Voir clairement et vivre pleinement les choses les plus dures de la vie est difficile mais peut déboucher sur une condition psychologique plus saine. En regardant ces cartes que j'avais tenté d'éviter, j'en suis venue à apprécier la plénitude de l'expérience vécue.

Nous autres parents avons parfois du mal à accepter l'idée que nos enfants auront des problèmes, et que certains de ces problèmes seront graves. Pour aider les enfants et adolescents à gérer le stress, la frustration et la déception, la première étape est de les aider à bien examiner les causes de leur malheur. Il existe de nombreux problèmes que ni les parents ni les enfants ne peuvent résoudre, malgré tous leurs efforts. Mais ces difficultés peuvent être négociées quand les enfants et leurs parents voient clairement ce qui les cause, et s'il est possible de modifier la situation. La clef de la gestion du stress et d'autres situations difficiles ne réside pas toujours dans la situation même mais plutôt dans la réaction des enfants et des parents.

Voir avec clarté, tel est peut-être le plus grand bienfait que peut apporter la pleine conscience. Il se passe constamment un tas de choses ; la pleine conscience vous aide à remettre les expériences à leur place et vous aide à justement doser votre réponse pour qu'elle ait les proportions appropriées. Vous vous êtes déjà cogné l'orteil dans un objet laissé là où il n'avait rien à faire ? La douleur communiquée par les sens (Aïe !) surgit d'abord, aussitôt suivie par une pensée (Qui a laissé traîner ça là ?) et peut-être par une émotion (la colère, par exemple – Quel crétin !). Avec une approche plus consciente, vous remarquez et identifiez ce qui se passe, mais vous évitez de mettre des mots dessus pour le moment. Voir clairement ce qui vous arrive, à vous et autour de vous, sans parti pris, sans réactivité, est un processus qui conduit à la paix de l'esprit, l'une des expériences les plus extraordinaires de la pratique de la pleine conscience. Aider un enfant stressé à trouver un peu *la paix de l'esprit* compte beaucoup pour moi, et c'est l'un des buts de la formation à la pleine conscience.

La paix de l'esprit ne consiste pas à se couper du monde ou à entrer en transe. La transe coupée du monde, c'est *l'inconscience*, c'est-à-dire le contraire même de la pleine conscience. Notre attention s'égare de temps à autre, et il est merveilleux que les enfants puissent rêver, faire semblant, s'inventer des histoires dans leur monde interne. Un peu de rêverie est bénéfique. Mais il y a des moments où il faut se concentrer sur le réel (quand on passe un examen, par exemple) ; dans ces cas-là, la pleine conscience sert à interrompre la rêverie et à ramener l'attention de l'enfant sur la tâche en cours. Au lieu d'apprendre aux enfants à s'abstraire de la réalité, la pleine conscience leur apprend à la voir clairement.

Troisième idée : le bonheur est à portée de main

La vie de famille offre de nombreux exemples de moment où le bonheur revient naturellement parce que la souffrance prend fin. Quand un bébé pris de colique cesse de pleurer et s'endort, cela marque la fin de la souffrance pour le parent comme pour l'enfant. Quand votre adolescent apprend qu'il est accepté à l'université, l'anxiété qui s'empare souvent d'une famille en pareil moment disparaît. Un dimanche après-midi, après une semaine de travail assez rude, vous vous allongez sur le canapé pour faire une sieste, et votre voisin décide justement de tondre sa pelouse. Voilà de la souffrance ! Mais lorsqu'il range sa tondeuse dans sa cabane à outils, votre souffrance se termine aussitôt. Les moments de bonheur qui se produisent quand la souffrance cesse sont courants dans la vie quotidienne. Mais que se passe-t-il si les événements externes ne changent pas, ou s'ils s'aggravent ?

La souffrance existe et elle a une fin, ce sont des faits évidents, mais l'idée que nous pouvons choisir d'être heureux au milieu de la souffrance est moins évidente. Pour un parent, le plus douloureux est peut-être de voir un enfant souffrir de manière totalement injuste mais sans pouvoir faire quoi que ce soit. C'est un truisme bien connu : de mauvaises choses arrivent aux gentils et de bonnes choses arrivent aux méchants. Parfois, nous n'y pouvons absolument rien. Mais même quand nous ne pouvons modifier une situation difficile, nous pouvons choisir notre réponse.

Il suffit parfois d'un changement de perspective pour atténuer la souffrance. Certains événements de votre vie vous sont-ils apparus si ridicules que vous avez éclaté de rire ? À ce moment, votre souffrance cessait. Rien n'avait changé dans le monde extérieur, mais en modifiant votre point de vue, vous pouviez rire de ce qui s'était passé et goûter une oasis de bonheur, même momentané. Et vous est-il arrivé d'être certain que votre enfant avait fait un mauvais choix, puis d'apprendre plus tard que vous vous étiez trompé ?

Parfois, les parents souffrent quand ils sont trop attachés à leur idée de ce qui est bon pour leurs enfants. Nous avons vécu assez longtemps et nous savons d'expérience que quelques mauvaises décisions peuvent rendre la vie inutilement plus difficile. Alors quand nos enfants n'obtiennent pas de bonnes notes, quand ils ne jouent pas un rôle de premier plan dans les activités extrascolaires ou ne semblent pas travailler assez dur, nous pouvons craindre que leur avenir en soit affecté. Nous nous inquiétons tellement de ce qu'ils *ne font pas* que nous oublions d'apprécier et de savourer ce qu'ils *font*. Il existe des compétences importantes qui ne remportent pas de trophées mais qui n'en permettent pas moins de prédire les succès à venir. Nos enfants sont peut-être très doués pour se faire des amis, aider les autres ou encaisser les coups, et quand nous les voyons soigner leur tortue ou chantonner un air, notre perspective change. En un éclair, nous apprécions qui ils sont et nous voyons clairement leurs forces. Il devient alors absurde de s'inquiéter parce qu'ils ne sont pas piliers de rugby, parce qu'ils n'ont pas le premier rôle dans la pièce de l'école ou parce qu'ils n'ont pas obtenu la meilleure mention. Rien n'a changé à part notre point de vue, les événements externes restent les mêmes, mais la souffrance disparaît. Nos enfants sont plus heureux que nous ne pensions, et nous aussi.

C'est une vérité profonde et fondamentale, la souffrance peut être causée par la façon dont nous envisageons une situation, et aggravée par notre façon d'y réagir. La troisième idée de la pleine conscience nous dit que le bonheur est à portée de main, parfois grâce à quelque chose d'aussi simple qu'un changement de perspective. Avec la quatrième idée, nous voyons comment procéder à ce changement.

Quatrième idée : la clef du bonheur

Quand il nous arrive quelque chose de positif, nous en voulons plus. Très vite, nous concentrons notre énergie sur la répétition de cet événement (désir). Quand il nous arrive quelque chose de négatif, nous faisons tout ce que nous pouvons pour l'éviter (aversion) et nous risquons de passer à côté de certains éléments qui, dans l'expérience négative par ailleurs, pourraient se traduire par des leçons utiles. Ou bien nous ignorons les expériences qui nous laissent neutres (indifférence) et nous sommes préoccupés par autre chose. Le désir, l'aversion et l'indifférence sont des réactions courantes, automatiques au vécu, mais ils peuvent nous valoir des ennuis si nous ne les identifions pas. Consciemment ou non, nous passons souvent beaucoup de temps à rechercher ce que nous voulons, à tenter d'éviter ce que nous ne voulons pas, et à ignorer tout le reste.

Le désir et l'aversion sont des opposés, mais si nous n'y prenons pas garde, ils peuvent avoir les mêmes effets négatifs sur l'instant présent. Quand nous voulons plus d'une chose, il est facile d'être si focalisé sur un moment passé ou futur que nous laissons de côté le présent, en partie ou en totalité. Il est logique de rechercher le bonheur et d'éviter le malheur. Mais si nous oublions ce que nous faisons, autant vivre en pilote automatique. Réagir automatiquement au vécu au lieu d'y réagir de façon réfléchie peut nous coûter cher. Beaucoup de parents décrivent leur vie comme un stress constant, une tension permanente qui les engourdit, perpétué par leurs sentiments de désir, d'aversion et d'indifférence. C'est un jeu de dupes et, au fond d'eux-mêmes, ils le savent.

Les quatre idées de la pleine conscience encouragent les enfants et les parents à voir clairement leur expérience et à répondre avec réflexion et compassion. Voir clairement n'est pas toujours facile ; la plupart d'entre nous avons des idées préconçues qui affectent notre perception des choses. Dans *Bouddha, mode d'emploi*, Jack Kornfield écrit :

> La façon dont nous ressentons la vie est avant tout le fruit des états d'esprit particuliers dans lesquels nous l'abordons. Si vous regardez un match de football où votre fils est gardien de but et qu'il est nerveux, votre conscience sera emplie d'inquiétude, de solidarité et d'excitation lors de chaque phase du jeu. Mais si vous êtes le chauffeur de service attendant de reconduire l'enfant de quelqu'un d'autre, vous verrez la

même chose, les joueurs et le ballon, avec ennui et manque d'intérêt. Si vous êtes l'arbitre, vous percevrez les sons et les formes de façon encore différente [...] La conscience pure se teinte de nos pensées, émotions et attentes[9].

Les pensées, les émotions et les attentes sont le contenu de la conscience, ils ne sont pas la conscience. Croire que nos impressions, pensées et souvenirs sont toujours exacts peut entraîner déception et frustration. Quand nous avons une réaction émotionnelle, il est bon de retenir notre attention afin de nous laisser un peu de marge avant de tirer une conclusion définitive sur ce qui se passe ou non. Avec un peu de recul, nous verrons mieux l'ensemble du tableau et nous réagirons avec compétence, gentillesse et compassion. Cette perspective lucide est la pierre angulaire d'une vie en pleine conscience.

Il existe une façon de vivre qui minimise la frustration et le mécontentement, tout en reconnaissant particulièrement :

* que l'épanouissement personnel est à la fois un but et un processus qui évolue avec le temps et la pratique ;
* l'importance de la motivation et de l'effort ;
* la nature changeante de toutes choses ;
* que tout ce que nous disons et faisons a des conséquences ;
* que nous sommes connectés aux autres et à l'environnement d'une manière que nous ne connaissons pas ou n'imaginons pas.

La quatrième idée nous montre comment vivre ainsi. Vivre en pleine conscience est un processus, pas une caractéristique fixe. Personne n'est parfait, mais si nous prenons ce processus à cœur, nous pouvons mener une vie plus équilibrée. Aux quatre coins de la planète et dans tous les domaines, des gens s'efforcent de traduire les antiques systèmes d'entraînement mental et moral afin de leur conférer une résonance contemporaine pour les enfants, les adolescents et leur famille. Je participe à cet effort. J'espère que ce livre vous offrira un contexte utile et adapté pour pratiquer la pleine conscience, selon des exercices que votre famille et vous pourrez intégrer à votre quotidien.

LA PLEINE CONSCIENCE ENSEMBLE :
INSPIRER PROFONDÉMENT
POUR BIEN DÉMARRER LA JOURNÉE

Malgré tous les livres et articles de magazines que nous avons lus, mon mari et moi, sur l'avantage de préparer les cartables et les vêtements du lendemain avant de se coucher, quand nos enfants étaient petits il était rare que tout soit prêt pour la journée suivante à l'heure où nous nous endormions. Et même quand c'était le cas, quelque chose venait généralement contrarier nos plans le lendemain matin. Se préparer pour l'école, c'était comme un numéro de cirque, et nous avions parfois l'impression d'être comme sur une rampe de lancement.

Seth et moi, nous n'avions pas envie de commencer chaque jour dans la frénésie, alors nous avions institué un rituel matinal qui nous a bien servis. Juste avant de quitter la maison, après avoir couru pour être enfin prêts, nous nous arrêtions dans le vestibule pour respirer trois fois ensemble. Les cartables attachés au dos des enfants, les clefs de voiture en poche, les sacoches à la main, nous respirions ensemble pour faciliter la transition vers le monde extérieur. Cela favorisait un changement significatif de rythme et de perspective avant d'aller à la rencontre d'une nouvelle journée. Je vous encourage à en faire autant si vos matinées s'avèrent parfois frénétiques.

Être sous pression
Être sous tension.
Vivre caché,
Dissimulé.
Je suis heureux que mon esprit soit nettoyé,
Merci de m'avoir aidé à relâcher la pression.

Un collégien

2
Comment motiver les enfants à méditer

Quand ma fille Allegra avait huit ans et mon fils Gabe cinq, nous les avons emmenés au Zen Center le plus proche pour participer à un programme familial. C'était leur première expérience de la méditation hors du foyer familial. Le centre était une vieille maison au milieu d'un jardin paysager. En traversant le parc avant la séance, nous avons tenté, Seth et moi, d'inspirer à nos enfants un sentiment de calme et de respect. Je leur ai expliqué où nous étions et ce que nous faisions. Ils auraient probablement préféré rester chez nous, mais ils nous suivirent sans broncher. Tandis que je désignais telle plante et telle fleur, quelque chose se coinça dans le gosier de ma fille. Elle dut s'éclaircir la gorge, hoqueta, puis cracha dans un buisson. Elle se tourna vers moi et dit en riant timidement : « Je crois que je viens de cracher sur les plantes sacrées ! » Allegra avait du mal à prendre mon intérêt au sérieux, mais il faut reconnaître qu'elle essaya. Bien sûr, Gabe trouva extrêmement drôle le comportement de sa sœur, mais il essaya lui aussi.

Après ce début peu prometteur, nous nous sommes dirigés vers la maison, où parents et enfants étaient réunis en un cercle de méditation. Il y avait une quinzaine de personnes. J'avais hâte de voir si cela plairait à mes enfants. Ma fille était très calme pour son âge, malgré son récent assaut contre les « plantes sacrées », mais mon fils était plus jeune et plus turbulent. Je jetai un regard en direction de Gabe alors que la séance allait commencer. Il était là, assis sur son coussin, recueilli, prêt. Un gong retentit et la séance démarra. Le chef du groupe nous dit que nous allions méditer environ un quart d'heure, enfants et parents ensemble. Le regard de Seth croisa le mien. Puis il roula de gros yeux. Méditer pendant quinze minutes avec de jeunes enfants semblaient bien trop ambitieux. Et ça l'était.

Les trente premières secondes se passèrent, et je regardai mon fils. Jusque-là, tout allait bien. Il était immobile. Une autre minute s'écoula, et il était toujours là. J'étais ravie. Encore une minute, et il avait à peine bougé. Incroyable ! Mais au bout de cinq minutes, Gabe regarda mon mari, à côté duquel il était assis, et demanda d'une voix plaintive : « Combien de temps je vais devoir faire semblant qu'on m'a volé mon cerveau ? » Seth l'emmena hors de la pièce. Ils se promenèrent ensemble dans le jardin (sans doute pour admirer les « plantes sacrées ») jusqu'à la fin de la séance. Mon cher fils n'avait pas envie de rester assis sur un coussin, pas envie d'observer ses pensées, de savourer l'expérience, mais il avait bien voulu essayer parce que je le lui avais demandé. Un cœur ouvert est la clef d'une vie en pleine conscience. Au moins, je savais qu'il avait le cœur ouvert.

Selon un vieux proverbe tibétain, « la pleine conscience se trouve sur la pointe de la motivation ». Entre les crachouillis de ma fille et le mécontentement de mon fils obligé de faire semblant « qu'on lui avait volé le cerveau », je dus avouer qu'il était temps d'examiner *ma* motivation à vouloir qu'*ils* apprennent à méditer en pleine conscience. Était-ce pour eux, pour moi, ou pour les deux ? Incontestablement, j'étais motivée par des désirs universels, humains qui sont mus par de bonnes intentions. Mais à y regarder de plus près, je devais admettre que ma motivation était en partie personnelle. Je voulais que mes enfants comprennent ce que je faisais pendant toutes ces heures que je passais à méditer sur un coussin. Je voulais qu'ils aiment ça et qu'ils me respectent pour cela. Je voulais aussi les transformer, leur donner les moyens d'améliorer certains aspects de leur personnalité qui me semblaient en avoir besoin. Ces motivations ne sont pas nécessairement mauvaises, mais elles étaient problématiques parce que, jusque-là, elles étaient restées inconscientes.

Je l'ai appris à mes dépens après notre visite historique au Zen Center. Nos enfants n'avaient pas envie de s'asseoir sur un coussin pour observer leurs pensées, et cette expérience n'avait pas plu à Gabe. Sans l'ombre d'un doute, j'avais bien fait de lui demander d'essayer, mais l'obliger à tenir bon jusqu'au bout de la séance n'aurait pas été une bonne idée. La pleine conscience obligée est un oxymore. Si je l'avais forcé à continuer jusqu'à ce qu'il devienne clair qu'il ne le voulait pas, cela serait allé à l'encontre de mon objectif.

La pleine conscience vient naturellement à certains et moins à d'autres. C'est surtout flagrant avec les enfants, qui ne cherchent pas à masquer leur désintérêt. Certains aiment le silence et le calme de l'introspection ; d'autres y sont indifférents ; d'autres encore ont du mal à ne pas bouger dans tous les sens. En fin de compte, les enfants viennent à la pleine conscience à leur rythme. À présent, nous rions au souvenir d'Allegra qui crachait « sur les plantes sacrées » et de Gabe qui faisait semblant « qu'on lui avait volé le cerveau ». Mais cette histoire est plus qu'une plaisanterie familiale. C'est le reflet sincère d'une première tentative de pleine conscience du point de vue d'un enfant et un important rappel à la réalité pour moi. J'ai ainsi appris que la première étape pour développer la pratique de la pleine conscience est d'identifier la motivation, chez le parent comme chez l'enfant.

PLEINS FEUX SUR LA MOTIVATION

Quand j'ai commencé un travail plus formel avec des enfants, des parents venaient me voir pour que j'aide leurs enfants sur des points particuliers : les uns voulaient améliorer la réussite scolaire de leurs enfants, d'autres voulaient leur apprendre à se calmer, d'autres encore espéraient leur inculquer l'art de résoudre les conflits, ou introduire une dimension spirituelle dans leur vie. Tous ces objectifs étaient louables, mais ils associaient un but à la pratique et cela risquait de faire de la pleine conscience une activité parmi tant d'autres pour atteindre nos propres fins (et celles de nos enfants). On s'efforce d'obtenir un trophée sportif. On s'efforce d'avoir de bonnes notes. On s'efforce même parfois d'avoir une vie spirituelle.

Dans une interview diffusée en 1993 sur PBS, à Bill Moyers qui l'interrogeait sur le but de la méditation, Jon Kabat-Zinn répondit : « Je dirais que la méditation n'a pas de but. Dès que vous fixez un but à la méditation, vous en faites une de ces activités qui cherchent à atteindre un lieu, un objectif. » Quand Moyers souligna que les gens assistaient à son programme de réduction dans un but précis, Kabat-Zinn répondit : « C'est vrai. Les gens sont tous ici avec un objectif. Leurs médecins les ont envoyés ici afin d'améliorer leur état. Mais, paradoxalement, ils ont plus de chances de progresser sur ce plan s'ils renoncent à arriver quelque part[10]. »

Indéniablement, il y a un but, un résultat final que nous espérons atteindre quand nous pratiquons la pleine conscience avec nos enfants. Cependant, mettre l'accent sur l'issue risque de saper la pratique même. En évaluant de façon réaliste ce que vous espérez accomplir en enseignant la pleine conscience à vos enfants et pour quelle raison vous le faites, vous pourrez réconcilier ces deux objectifs parfois contradictoires.

Voici une activité qui vous permettra de découvrir vos propres espoirs et les sentiments de vos enfants quant à la pratique de la pleine conscience, et donc d'entreprendre ce voyage selon une approche saine et productive.

Les Cinq Pourquoi est une méthode que j'emploie lorsque j'envisage la question de la motivation. Cette méthode a été conçue et utilisée par Toyota pour développer leur méthodologie de design et de fabrication, et elle a été élaborée par Ken McLeod, professeur de méditation, afin d'étudier le matériau émotionnel. Cette méthode repose sur le principe selon lequel la nature est un problème dont la solution devient claire lorsqu'on pose une question cinq fois et que l'on y répond cinq fois.

Les cinq pourquoi

Cette méthode se pratique par groupes de deux personnes, l'une posant les questions et l'autre y répondant. Celui qui interroge écoute attentivement l'autre, puis répète sa réponse sous la forme d'une autre question. Celui qui pose les questions ne formule aucune théorie sur les réponses de l'autre et ne propose aucun conseil. Le but et que la personne interrogée découvre elle-même la réponse.

Énoncez une question qui sert de point de départ
Pourquoi voulez-vous pratiquer la pleine conscience avec des enfants ?
Réponse : Parce que je veux soulager leur souffrance.

Premier pourquoi
Pourquoi voulez-vous soulager la souffrance des enfants ?
Réponse : Parce que les enfants souffrent beaucoup actuellement.

Deuxième pourquoi
Pourquoi les enfants souffrent-ils beaucoup actuellement ?
Réponse : Parce que la vie est trop dure.

Troisième pourquoi
Pourquoi la vie est-elle trop dure ?
Réponse : Parce que les bases éthiques de la société s'effondrent.

Quatrième pourquoi
Pourquoi les bases éthiques de la société s'effondrent-elles ?
Réponse : Parce que les gens ont peur et ne pensent plus qu'à eux-mêmes.

Cinquième pourquoi
Pourquoi les gens ont-ils peur ?
Réponse : Parce qu'ils ne voient qu'une partie du tableau alors que tout est lié.

La méthode des Cinq Pourquoi est aussi une activité amusante à pratiquer avec des enfants. Avec de jeunes enfants j'utilise ce jeu pour les aider à apprendre à écouter attentivement. Je ne m'en sers pas pour sonder leur matériau émotionnel. Je préfère poser des questions simples comme « Pourquoi aimes-tu les animaux ? » ou « Pourquoi aimes-tu le chocolat ? ». Les réponses deviennent très vite absurdes, mais ce n'est pas grave, et même quand les réponses sont stupides, les enfants doivent écouter attentivement pour formuler à chaque fois un Pourquoi approprié.

Des adultes enthousiastes et de bonne volonté sont parfois contrariés quand je leur demande de prendre en compte leur motivation avant d'apprendre les jeux et activités de pleine conscience que j'utilise avec les enfants. Ils ont hâte de démarrer et voudraient se dispenser de cet examen de leur propre processus. Mais comprendre sa motivation est en fait la première étape dans la formation à la pleine conscience. La méthode des Cinq Pourquoi est un bon point de départ.

Questionner les enfants sur leur motivation est aussi important que de questionner les adultes. Mes élèves sont souvent un public captif – amenés par leurs parents, envoyés par les enseignants ou par des thérapeutes – et je ne vois jamais rien de personnel quand l'un d'eux me dit qu'il a d'abord été sceptique ou réticent. Un des nombreux aspects rafraîchissants du travail avec ce groupe d'âge est que les enfants ne cherchent pas à éluder les questions difficiles comme : Pourquoi es-tu ici ? Tes parents t'ont-ils obligé à venir ? Ou les suivantes : Même si tes parents t'ont obligé à suivre ce cours, y a-t-il quelque chose de positif que tu pourras en tirer ? Y a-t-il des compétences que tu aimerais apprendre ou développer ? Quand j'interroge les enfants sur leur motivation, je leur demande de ne pas analyser la question, mais plutôt de vérifier dans la réserve de savoir stockée dans leur corps pour voir ce que cette question *leur fait ressentir*. Avez-vous déjà éprouvé une sensation étrange qui vous semblait être l'indice incontestable de quelque chose, même sans savoir de quoi ? Cela montre que la conscience fondée sur le corps peut contourner l'esprit qui réfléchit. Les tensions dans votre cou, les gargouillis de votre estomac et les palpitations dans votre front stockent des masses d'informations. Avec un peu de pratique, les élèves identifient des signaux importants venant de leur corps et leur prêtent autant d'intérêt qu'à ceux qu'envoie leur esprit.

Les 3 pots : comment ne pas enseigner la pleine conscience

Une image classique utilisée pour décrire une façon aberrante d'apprendre la pleine conscience est celle des trois pots défectueux. Un pot peut être défectueux de trois manières : lorsqu'il est renversé, lorsqu'il est troué ou lorsqu'il contient du poison.
• Un pot renversé est toujours vide, malgré toute l'eau qu'on verse dessus, comme un enfant distrait qui retient des fragments de sa formation à la pleine conscience, mais sans jamais comprendre l'ensemble.
• Un enfant qui médite mais sans intégrer la pleine conscience à son quotidien est comme un pot troué, qui laisse s'écouler l'eau aussi vite qu'on la verse.
• Un enfant aux motivations hostiles est comme un pot contenant du poison. Le poison contamine l'eau et constitue, de loin, le plus sérieux défaut[11]. En énonçant tout haut nos motivations, nous pouvons agir avec les enfants pour qu'ils ressemblent à un pot solide et droit, ouvert à de nouvelles expériences et prêt à apprendre.

Les enfants inversent souvent la situation et veulent savoir pourquoi j'enseigne la pleine conscience. Il est normal que je me montre aussi franche avec eux que je leur demande de l'être avec moi. Alors je leur raconte que j'ai d'abord cherché des outils pour m'aider à me concentrer et à gérer mon stress, mais que j'ai vite appris que la pleine conscience allait bien plus loin que ça. Plus j'ai pratiqué, plus ma vie est devenue équilibrée et heureuse. En outre, les membres de ma famille et à peu près tout mon entourage semblaient plus heureux quand je pratiquais. Mais ces bienfaits n'ont pas toujours été simples à obtenir. L'équilibre ne venait que si j'étais prête à regarder d'un œil lucide ce qui se passait dans ma vie, à l'identifier, puis à procéder aux changements nécessaires. Le changement était (et reste souvent) le plus difficile, mais ce n'aurait pas été la pleine conscience si je n'avais pas travaillé pour intégrer dans ma vie ce que la pratique m'a enseigné.

PROMENER LES CHIENS : INTENTION, ARDEUR ET PERSÉVÉRANCE

Même quand notre motivation est sincère, il y a des moments où nous n'avons pas envie de méditer. Ce sentiment est naturel, mais en combinant intention, ardeur et persévérance, nous pratiquons malgré tout. Affirmer une intention de faire une chose est le premier pas de toute discipline ; l'ardeur est l'énergie mentale nécessaire à poursuivre ; la persévérance est le fait même d'aller jusqu'au bout. Intention, ardeur et persévérance nous permettent de vaincre les résistances et de nous consacrer à la tâche en cours.

Cette triade apparaît quand je promène nos chiennes, Rosie et Lucy. Bien qu'inséparables, elles ne sauraient être plus différentes l'une de l'autre : Rosie est enthousiaste et adore se promener, mais Lucy est plus hésitante. Pour les promenades, mon esprit ressemble à mes chiennes. Parfois je pense comme Lucy que c'est la dernière chose dont j'ai envie. Dans ces cas-là, je me rappelle l'image classique, « écraser l'esprit avec lui-même », et je me représente Popeye avec une bulle indiquant à quoi il pense. La bulle contient d'énormes haltères prêts à tomber et à écraser son esprit s'il s'éloigne de la tâche en cours. Cette image est très utile pour les adultes, mais un peu lourde pour des enfants. Fixer son esprit sur une tâche peu attrayante, persister et l'accomplir quand même est un muscle mental extrêmement utile qu'on développe en pratiquant la pleine conscience. Les jours où tout me paraît plus attrayant qu'une balade avec les chiens, même la lessive ou le ménage, je serre les dents, je mets mes chaussures de sport et je m'oblige à me mettre en route. Je n'y arrive pas toujours, mais il est bon de se rappeler une chose : ces activités que je redoute contribuent à mon bonheur, à ma santé et à mon équilibre.

La discipline par laquelle je m'impose de sortir et de partir promener les chiennes n'est que le premier pas. Pour continuer à marcher, je dois parfois renouveler mon intention plusieurs fois. Il y a toujours de bonnes raisons de raccourcir la balade et pour rentrer à la maison : on dirait qu'il va pleuvoir, je suis fatiguée, j'ai faim, je dois téléphoner à ma sœur. Mais face à ces excuses, je persévère parce que je sais que m'obliger à me reconcentrer sur la balade fait partie du processus. C'est la même chose avec la pratique de la méditation. Repérer les distractions et les surmonter fait partie de la méditation, au même titre que l'état de calme et de paix mentale. La méditation et la distraction coexistent. Le but n'est pas d'éliminer tout ce qui pourrait vous distraire autour de vous, mais de reconnaître ces obstacles et d'y résister. Par exemple, quand vous pratiquez la pleine conscience de votre respiration, l'instant où vous vous rendez compte de votre distraction et où vous redirigez votre attention vers votre souffle est, par définition, un acte et une expérience de pleine conscience. Les enfants le savent également. Récemment, j'ai demandé à une classe de collège de se diviser en petits groupes pour parler de la façon dont ils incorporent la pleine conscience à leur quotidien. Quand la classe s'est reformée, un groupe a déclaré avoir consacré le temps de discussion à parler d'autre chose, à évoquer la prochaine fête de l'école. Quand la sonnerie signala que le temps imparti était écoulé, le groupe comprit qu'il s'était égaré et n'avait rien à offrir au reste de la classe. Ils ont donc annoncé fièrement que le fait d'avoir été distraits et de ne pas avoir traité l'exercice était un exemple de la manière dont ils intégraient la pleine conscience à leur quotidien.

Il nous arrive à tous d'avoir du mal à nous concentrer sur notre tâche. Promener les chiens tous les jours, ne pas changer de sujet de conversation, méditer tous les jours… Tout cela, comme d'autres activités disciplinées, demande de l'ardeur et de la persévérance. Lorsqu'on pratique la pleine conscience, l'application des deux est rarement un processus linéaire, mais plutôt une progression en douceur qui ressemble au vol d'un papillon de nuit vers une flamme. Le papillon est attiré par la lumière, mais à mesure qu'il s'approche de la flamme, la chaleur s'intensifie. Si le papillon vole trop près, il risque d'être brûlé. Alors quand la chaleur devient insupportable, l'insecte s'éloigne, tourne en rond et tente à nouveau sa chance. Le papillon ne cesse de se jeter vers la flamme et de reculer, se rapprochant toujours plus à mesure que la flamme diminue. C'est particulièrement vrai quand on applique la pleine conscience à des émotions difficiles. S'approcher toujours plus d'une émotion, aussi près qu'on peut le faire sans être mal à l'aise, permet aux adultes et aux adolescents d'explorer les limites de leurs sentiments, peu à peu, et d'apprendre à focaliser leur attention sur l'émotion, pour finir par mieux la comprendre. Cette pratique demande un degré de maturité intellectuelle et affective que n'ont pas les jeunes enfants.

Conseils de bon sens

J'aimerais vous donner trois conseils de bon sens pour aider vos enfants à rester concentrés sur les pratiques de pleine conscience décrites dans les prochains chapitres :
- Faites simple.
- Faites amusant.
- Faites pour le mieux.

FAITES SIMPLE

Quand j'ai commencé à enseigner la pleine conscience à des enfants, il me fallait une valise pour emporter tout mon matériel en classe. Avant de quitter la maison, je remplissais un sac de voyage : tambours de différentes tailles, toupies, jeux de cartes, chronomètres, canards et grenouilles en plastique, lecteur de CD, animaux en peluche, carnets, crayons, pastels, coussins, couvertures, autocollants, tableaux, puzzles, livres d'images, en-cas, jus de fruits… On aurait cru que je partais vendre tout ça au marché. Mais j'avais besoin de tous ces accessoires pour retenir l'intérêt des enfants alors que nous jouions à des jeux censés leur simplifier l'existence. À l'époque, je ne percevais pas l'ironie de la situation.

Au bout de ma première année, j'ai renoncé à la valise pour tout faire tenir dans un sac à dos. Je n'avais plus besoin de louer un camion, mais ça faisait encore beaucoup de matériel. Aujourd'hui, j'entre en classe avec mon tympanon ou ma guitare, quelques cailloux lisses dans ma poche et un sac de toile contenant une « tone bar », une carte appelée Cervomètre, un tableau de papier et un tambourin. Parfois j'apporte aussi un tambour, ou le matériel pour le jeu auquel nous jouerons ce jour-là. Dans ce passage d'une valise à un sac à dos, puis à un petit sac de toile, je vois une métaphore de mon évolution en tant qu'enseignante. Avec les années, j'ai appris à me fier davantage à la pratique de la pleine conscience proprement dite, et moins à tout ce qui l'accompagne.

Cela vaut aussi pour les jeux auxquels je joue avec les enfants ; je les ai réduits à l'essentiel en adaptant absolument chaque mot et chaque activité pour qu'ils soient amusants et accessibles pour un enfant de quatre ans. Après avoir eu affaire à des élèves âgés de sept ans et plus pendant de nombreuses années, j'ai reçu un appel de Sue Smalley, professeur à UCLA* qui souhaitait étudier l'effet de la pleine conscience sur les enfants. J'ai accepté de la rencontrer et j'ai appris qu'elle était généticienne et travaillait sur l'hyperactivité. Elle avait récemment eu de gros ennuis de santé, avait découvert la méditation et, comme beaucoup d'entre nous, pensait que ce qui lui avait fait tant de bien pourrait sûrement aider les enfants également.

Tout en prenant un café, elle me demanda si, selon moi, on pouvait enseigner la pleine conscience à des enfants de moins de cinq ans. J'avais du mal à imaginer que des esprits aussi jeunes seraient réceptifs à la pratique de la pleine conscience, mais j'ai accepté d'essayer. Et cela a marché, mais j'ai dû un peu transformer mon cours. Tout comme la réduction du nombre d'objets que j'emportais en classe, la simplification de mes pratiques pour les rendre accessibles à de tout jeunes enfants m'a fait beaucoup de bien. Comme l'écrivait Pascal : «Je n'ai fait cette lettre plus longue que parce je n'ai pas eu le temps de la faire plus courte.» Il faut beaucoup de temps et beaucoup de tâtonnements pour distiller les concepts à leur strict minimum, mais l'effort en vaut la peine. J'étais

---

*. University of California Los Angeles.

surprise quand les exercices et le langage simple que j'avais conçus pour les tout-petits fonctionnaient mieux avec les enfants et les adolescents que les activités plus complexes que j'utilisais jusque-là avec eux. Et plus surprenant encore, beaucoup de parents et d'adultes m'ont dit avoir mieux compris la pleine conscience grâce aux pratiques conçues pour de tout jeunes enfants qu'après des années passées à suivre des cours et à lire des ouvrages spécialisés. Personne ne l'a dit mieux que Henry David Thoreau : « Simplifiez, simplifiez, simplifiez. »

FAITES AMUSANT

Il est presque impossible de se concentrer quand on est fatigué ou qu'on a faim, et ce n'est certainement pas amusant. Je ne peux pas vous dire combien de fois les enfants sont arrivés à mon cours affamés, fatigués ou les deux à la fois.

Une des expériences difficiles que j'ai connues consistait à enseigner de 16 heures à 17 heures à des collégiens. Le premier jour, une de mes élèves assidues avait l'air très malheureuse. Les enfants sont souvent mal à l'aise pour une raison ou pour une autre, mais cette petite fille ne tenait pas en place plus d'une minute ou deux. Je lui ai demandé ce qui n'allait pas, et elle m'a répondu qu'elle avait faim. Il était logique qu'elle ne puisse pas se concentrer, son père n'ayant pas eu le temps de lui donner un goûter. Je promis d'apporter des goûters la prochaine fois. La semaine suivante, j'ai apporté de bons goûters pour tous, et j'en ai été récompensée. La petite fille qui avait du mal à se concentrer n'était en fait pas la seule à avoir faim. Nous nous sommes mis à manger des barres de céréales après l'introspection, à croquer des carottes quand nous étions assis en cercle pour parler de la pleine conscience et à boire des jus de fruits.

Les enfants s'amusaient et j'étais ravie, jusqu'au moment où le père de la petite fille est venu la chercher. Il a inspecté la pièce, a vu les restes, et m'a demandé de venir lui parler à l'extérieur. Sur un ton aimable mais ferme, il m'a remerciée pour mon cours, puis m'a déclaré que sa fille ne devait rien manger avant, après ou pendant la classe. J'ai voulu savoir pourquoi, pensant que cette élève avait un problème médical dont je n'avais pas été informée. Elle était un peu enveloppée, mais elle n'avait rien d'anormal. Son père m'expliqua qu'il l'avait inscrite à mon cours afin d'être sûr qu'elle serait occupée l'après-midi et ne pourrait donc pas manger.

Il est facile de ne pas remarquer le lien entre nourriture et attention. Il n'est pas rare que des parents expriment l'inquiétude que leur inspirent les problèmes d'attention de leurs enfants, qui ont du mal à se mettre à leurs devoirs juste après l'école. Quand je demande à ces parents s'ils ont essayé de donner un goûter à leurs enfants avant d'aborder les devoirs, ils sont souvent étonnés. La plupart des parents admettent ensuite que donner un bon goûter avant (et parfois pendant) les devoirs aide les enfants à se concentrer. Outre le lien entre alimentation et concentration, les chercheurs remarquent un lien stupéfiant entre la prise régulière de repas en famille et la baisse de la consommation de substances toxiques parmi les enfants et adolescents[12].

Un lien semblable existe entre le sommeil et l'attention. Il est extrêmement difficile de se concentrer quand on a sommeil, et il y a un lien bien établi entre le manque de sommeil et le déclin des résultats scolaires. Des nuits trop courtes ont un effet négatif sur les capacités cognitives de l'enfant, mais également sur sa santé.

Cela vaut aussi pour les enfants surchargés d'activités. Parfois, apprendre cesse d'être amusant lorsqu'on accorde une importance excessive à l'éducation. Il suffit de songer au processus de plus en plus compétitif que devient l'inscription dans une « bonne » école. Dans certaines parties du pays, le niveau de concurrence jadis réservé à l'admission à l'université s'étend désormais aux lycées, aux collèges et même aux écoles primaires. Il n'est pas rare que les parents de nourrissons stressent face à la difficulté de trouver une bonne école maternelle. Les enfants ne comprennent pas forcément la cause du stress, mais ils le vivent à travers leurs parents soucieux de leur avenir.

Et la pression ne se relâche pas une fois l'enfant inscrit ; il faut ensuite toujours plus de réussite, par le biais d'activités extrascolaires et parfois par un excès d'encadrement, qui peut avoir un coût invisible en sapant la confiance de l'enfant et en empêchant les établissements d'évaluer réellement l'efficacité de leurs cours. Je suis pleine de sympathie pour ces parents qui veulent le meilleur pour leurs enfants – je crois en faire partie – et cet « engagement irrationnel » d'un parent en faveur d'un enfant, selon l'expression conçue en 1997 par la psychologue britannique Penelope Leach, est une des pierres angulaires d'une relation saine entre parent et enfant. Mais le besoin absurde de faire aussi bien que le voisin en matière d'éducation et de réussite scolaire peut se retourner contre les intéressés.

Les enfants ne sont pas les seuls à avoir un agenda surchargé. Quand on leur demande comment soulager leur charge de travail, les parents disent souvent qu'il leur faudrait plus de temps et expliquent qu'il n'y a pas assez d'heures dans une journée pour faire tout ce qui doit être fait. Mais par chance, les parents ont plus de temps qu'ils ne le croient. Ils entreprennent beaucoup d'activités qu'ils pensent bonnes pour leurs enfants sans envisager le coût caché. Comme par habitude, les parents s'engagent trop, et leurs enfants aussi. Parents et enfants sont souvent si occupés que, à force de *faire* tant de choses, ils oublient d'*être* ensemble.

À quand remonte la dernière fois où votre enfant a passé l'après-midi à traîner dans le jardin ou dans le salon, à rêvasser ou à escalader les arbres, avec l'aide de son imagination ? Beaucoup de parents redoutent l'effet négatif potentiel de la raréfaction du temps de jeu non structuré et non programmé pour les enfants. Les pédagogues expriment les mêmes craintes. Paul Cummins, directeur de la Fondation New Visions et fondateur des écoles Crossroads et New Roads en Californie, m'a dit : « Ma femme est professeur de piano, et nous savons que si un enfant ne commence pas à étudier l'instrument à un certain âge, il y a un type de flexibilité des doigts qu'on ne retrouve pas si l'on commence à vingt, trente, quarante ou cinquante ans. Quelque chose est perdu. Ce n'est qu'une conviction profonde, mais je pense que si l'on prive les enfants de leur enfance, on leur vole quelque chose d'absolument essentiel, qu'ils ont beaucoup plus de mal à retrouver ensuite. » Et il a ajouté : « Nous connaissons tant de gens qui sont dénués d'imagination. Ils ne le savent pas, mais leur vie est diminuée[13]. »

Impossible d'allumer la télévision ou de feuilleter un magazine sans tomber sur un article consacré aux enfants hyperactifs, mais ce jour-là, Paul Cummins et moi, nous ne nous inquiétions pas de savoir si les enfants sont suffisamment capables d'attention ; nous nous demandions comment un *Trouble du déficit de l'imagination*, ou TDI, affecterait les jeunes gens qui entrent dans l'âge adulte. Selon Cummins : « Nous surprogrammons les enfants à tel point que la réflexion devient quasi impossible. Les enfants de huit ans ont des devoirs à faire ; c'est absurde. Les devoirs des enfants, ce devrait être de jouer ; quand nous tentons de supprimer le jeu, je pense que nous nuisons au développement de l'enfant. »

Adele Diamond, chercheur à l'université de Colombie-Britannique, exprime le même souci : le manque de temps de jeu non structuré pourrait avoir un effet négatif sur le développement des compétences des jeunes enfants en matière de prévision et d'organisation. Elle a suivi 147 enfants de moins de cinq ans qui participaient au programme « Tools for the Mind » (« Des outils pour l'esprit »), qui inclut le jeu théâtral comme ingrédient d'une journée d'école. Les enfants montraient des progrès notables en matière de fonction exécutive, c'est-à-dire dans leurs capacités de prévision et d'organisation. Dans une étude publiée par le magazine *Science*, Adele Diamond écrit : « Même si le jeu est souvent jugé frivole, il peut être essentiel [au développement de la fonction exécutive]. »

Du point de vue de la pleine conscience, il y a un inconvénient supplémentaire à être surchargé de travail, fatigué ou affamé : une perte de perspective. Quand nous ne prenons pas soin de nous-mêmes, notre capacité à voir les événements clairement et objectivement décline. Les enfants doivent être bien reposés et bien nourris pour apprendre avec succès. Quand nous limitons les repas en famille et épuisons nos enfants dans notre quête de réussite, il devient pour eux bien plus difficile, voire impossible, de développer l'état d'esprit clair et non réactif nécessaire à atteindre leurs objectifs. Et surtout, ils cessent de s'amuser.

FAITES POUR LE MIEUX

J'offre à mes élèves adultes (en général des parents, des éducateurs et des professionnels de la santé qui ont envie de pratiquer la pleine conscience) trois conseils pratiques supplémentaires pour l'enseigner à des enfants. Premièrement, acceptez le fait que, lorsque vous demandez aux enfants d'être pleinement conscients, ils seront sans pitié si vous ne l'êtes pas vous-même. Et bien sûr, personne n'est pleinement conscient tout le temps. Deuxièmement, n'enseignez que ce dont vous avez fait l'expérience directe. Et troisièmement, la voie que vous avez choisie sera bien plus facile si vous gardez votre sens de l'humour. Pour citer le sage hippie Wavy Gravy : « Si vous n'avez pas le sens de l'humour, ça n'est même plus marrant. »

Les pratiques de pleine conscience adaptées dans ce livre exigent bien plus d'entraînement et de compréhension que ne le suggère la définition de la conscience selon le dictionnaire. Bien des gens qui ont consacré une vie entière à maîtriser ces pratiques estiment n'avoir qu'effleuré la surface. Mais il n'est pas nécessaire d'attendre d'avoir fait des années d'études avant de pratiquer la pleine conscience avec vos enfants, pourvu que vous suiviez une règle essentielle : *N'enseignez que ce que vous savez par expérience directe.* Je ne saurais assez insister là-dessus. Si vous avez lu un texte présentant un aspect intéressant de la méditation, mais que vous n'en avez pas fait vous-même l'expérience, ne l'enseignez pas. Les enfants sentent très bien ce qui est authentique et ce qui ne l'est pas.

Une des institutrices avec qui j'ai travaillé m'a posé la question suivante : « Je ne suis pas prof de piano, mais je peux jouer "Au clair de la lune", et j'apprends à mes élèves à jouer "Au clair de la lune". Puis-je enseigner la pleine conscience alors que je n'ai que quelques mois de formation ? » Absolument. Elle *pouvait absolument* enseigner en maternelle ce qu'elle avait appris, mais je lui ai conseillé de n'enseigner que l'équivalent d'une chanson comme « Au clair de la lune ». Elle avait alors une solide connaissance des qualités apaisantes de la conscience de la respiration et de l'aide que ces qualités pouvaient apporter à de jeunes enfants ; elle introduisit donc ces pratiques en classe, et je fus ravie d'apprendre que les petits étaient des participants enthousiastes. D'autres professeurs s'étaient néanmoins attiré des ennuis en tentant d'enseigner des choses dont ils n'avaient aucune expérience personnelle. C'est là un territoire dangereux, qui pose des problèmes éthiques. Cela dit, vous pouvez partager avec des enfants la joie de la pleine conscience, même si vous en êtes encore au stade de l'apprentissage, en « essayant » une pratique de l'extérieur, alors que vous continuez à travailler sur leur acquisition de l'intérieur. « Essayer une pratique » signifie en découvrir les différentes étapes et se familiariser avec ses implications, même si vous ne comprenez pas encore entièrement le processus ou la théorie sous-jacente. À mesure que votre pratique évolue, vous pourrez essayer de nouvelles choses.

CONSEILS PRATIQUES POUR SE METTRE À LA MÉDITATION

Voici quelques directives pour vous aider à démarrer :
* Trouvez un système de soutien pour vous accompagner en chemin ; il est important de trouver un professeur de pleine conscience établi et de se lier avec d'autres personnes qui méditent déjà régulièrement et ce depuis un certain temps.
* Les gens ne parviennent pas tous à maturité au même rythme et les concepts les plus élaborés de la pleine conscience sont inaccessibles pour de nombreux enfants et adolescents. Cela ne signifie pas qu'ils ne pourront jamais saisir ces concepts, mais simplement qu'ils ne sont pas prêts pour cela. Ne les poussez pas au-delà de leur zone de confort.

- Quand vous méditez avec des enfants, rappelez-vous que vous ne savez pas tout de leur vie interne et externe, même si ce sont vos propres enfants. Avancez prudemment quand les enfants évoquent des questions émotionnelles douloureuses et n'ayez pas peur de rechercher l'aide d'un professionnel si un enfant dit quelque chose qui vous perturbe ou s'il vit de grandes souffrances émotionnelles.
- N'obligez pas un enfant à méditer ni à aborder des émotions douloureuses s'il n'en a pas envie.
- Laissez de côté tout jugement ou analyse quand vous pratiquez la pleine conscience, et concentrez-vous sur l'expérience. Il est naturel de penser à ce que vous aimez, à ce que vous n'aimez pas, au succès que remporte cette pratique auprès des enfants, aux regrets que vous avez de ne pas avoir pu pratiquer la pleine conscience dans votre enfance, à la stupidité ou à la profondeur de ces pratiques… Mais en pratiquant, vous créerez une autre relation à la pensée. Vous apprendrez que vous aurez tout le temps de réfléchir et d'analyser après avoir médité.
- Voyez si vous pouvez accepter de « ne pas savoir » ou au moins de « ne pas encore savoir ». Si vous vous posez des questions sur la méditation après l'avoir pratiquée, cherchez-y une réponse, mais seulement après. Vous comprendrez naturellement par la pratique.
- Fixez aux enfants des limites cohérentes avec les principes de la pleine conscience. Cela peut s'avérer délicat, mais voici quelques trucs de base pour définir ces limites, certains étant aussi des méthodes éprouvées de gestion d'une classe, qui fonctionnent aussi à la maison :
  – Profitez de toutes les occasions pour pratiquer avec vos enfants la communication non verbale. Par exemple, si un enfant

parle alors que ce n'est pas son tour, au lieu de lui demander de se taire, croisez son regard, souriez et placez un doigt devant votre bouche, ou une main derrière votre oreille, et indiquez vers qui l'enfant doit tourner son attention.

– Le signal « silence » ou « mains en l'air » est un outil efficace de gestion d'une classe que vous pouvez utiliser à la maison. L'idée est que lorsqu'on lève la main, tous ceux qui vous voient en font autant. Quand vous avez tous la main levée, cela signifie que personne ne doit parler et que tous les yeux et toutes les oreilles doivent vous prêter attention. Une variante de ce signal consiste à utiliser une formule verbale pour solliciter une réponse non verbale. Si les enfants pratiquent une activité dans laquelle ils risquent de ne pas vous voir lever la main, dites : « Si vous entendez ma voix, levez la main. » Là encore, lever la main signifie qu'il faut se taire et vous prêter attention.

* Soyez conscient de vos mouvements et voyez si vous pouvez vous déplacer plus lentement que d'habitude. Il est amusant de se déplacer au ralenti : cela aide les enfants à avoir des gestes plus réfléchis, à être plus conscients de la place de leur corps par rapport aux autres. Cela aide aussi les enfants à préserver un état mental plus conscient lorsqu'ils tournent leur attention d'une activité vers une autre.

* Quand vous pratiquez la pleine conscience ensemble, vous devriez vous focaliser sur la même activité, votre enfant et vous. Si vous tenez compagnie à votre enfant lorsqu'il pratique, il peut être perturbant pour lui de vous voir vous concentrer sur autre chose. En dirigeant votre attention vers l'objet de la pratique de pleine conscience (le tambour, votre respiration, un animal en peluche sur votre ventre), vous montrez sur quoi l'attention de votre enfant devrait être concentrée durant la pratique.

* Soyez aussi cohérent que possible et intégrez la pleine conscience à vos activités quotidiennes. Personne n'est parfait (demandez à ma famille), mais plus vous intégrez la pleine conscience, plus vos enfants en feront autant et plus la pleine conscience deviendra une seconde nature.
* Accordez-vous une pause. Cultivez la patience et rappelez-vous que l'apprentissage est un phénomène progressif. La pleine conscience vient avec la pratique.
* Soyez spontané et créatif quand vous pratiquez avec vos enfants. Si vous imaginez un moyen d'intégrer la pleine conscience à une activité que vous pratiquez déjà ensemble, essayez. Il existe un nombre infinité d'activités de pleine conscience qui attendent d'être découvertes, comme faire la vaisselle ou le ménage, ranger les habits, jouer à des jeux, répondre au téléphone ou travailler sur votre ordinateur.

Si vous avez besoin de conseils pour intégrer intelligemment la pleine conscience à votre vie de famille, le mieux que je puisse vous suggérer est d'instaurer une pratique de méditation régulière, avec vos amis ou votre famille, afin d'adopter tous les éléments qui entrent en résonance avec vous. Utilisez votre propre expérience de la méditation en guise de boussole quand vous travaillez avec des enfants. J'ai vu des gens tenter d'enseigner à la manière de quelqu'un d'autre, leur propre professeur de médiation, ou un maître célèbre. Cela ne fonctionne en général pas très bien. Certains d'entre nous sont plus à l'aise avec les pratiques analytiques, d'autres avec la compassion. Certains sont plus doués pour la musique, d'autres pour la peinture, d'autres encore pour le mouvement. Pratiquez ce qui est vrai pour vous. Mais surtout, pratiquez. Et si cela ne vous vient pas facilement au début, ne vous inquiétez pas, contentez-vous de pratiquer.

LA PRATIQUE QUOTIDIENNE :
DE L'INTÉRÊT DE TROUVER DES GENS
POUR VOUS ACCOMPAGNER

Méditer dans un groupe d'amis peut favoriser votre pratique et vous aider à intégrer la pleine conscience à votre quotidien. Les groupes offrent soutien et encouragement et peuvent intensifier l'expérience des participants parce que chaque membre du groupe bénéficie des efforts des autres. Le but d'un groupe de méditation est de favoriser la découverte personnelle de chaque participant, et non de donner des conseils ou de résoudre les problèmes des autres. Le groupe tient lieu de miroir pour chacun ; je pense que cette idée est bien résumée par Lou Reed dans cette chanson du Velvet Underground : « Je serai ton miroir, je refléterai qui tu es au cas où tu ne le saurais pas. »

L'œil ne peut pas voir sa propre pupille, voilà une maxime qui exprime une énigme fondamentale dans l'étude de la nature de l'esprit. La méditation est l'étude de notre propre esprit, et quand nous entreprenons cette étude, nous devons surmonter cette limite : l'esprit ne peut pas se regarder lui-même. Pourtant, bien que nous ne puissions voir directement notre visage, nous le voyons reflété dans un miroir, et nous savons à quoi il ressemble. Le rôle de ceux qui accompagnent notre pratique de la méditation est de servir de miroir et de refléter nos paroles et nos actions. Bien refléter l'expérience méditative de l'autre est tout un art, une expérience émouvante et encourageante pour tous les intéressés, qui exige une formation et un encadrement, dans la mesure où diverses projections et perceptions peuvent souvent y faire obstacle. Nous nous efforçons de nous soutenir les uns et les autres (et nous-mêmes) tandis que nous tournons et retournons dans notre expérience pour découvrir ce qui se cache à l'intérieur de nous. Un groupe de méditation fonctionne comme un miroir dans un autre sens important : en regardant notre esprit alors que nous participons au groupe, nous agissons comme miroir de nous-mêmes.

Il n'est pas nécessaire d'être très nombreux pour créer un système de soutien à la pratique de la méditation. Il suffit d'un seul partenaire. Voici quelques directives :

Quand nous nous accompagnons l'un l'autre dans la pratique de la méditation, nous

* Observons notre propre esprit et nous servons de miroir *à nous-mêmes* en remarquant comment nous réagissons à l'expérience des autres et à la nôtre.
* Écoutons avec gentillesse et compassion les autres qui décrivent leur expérience de la méditation.
* Servons de miroir *aux autres* en reflétant leur description de leur expérience sans parti pris et sans que nos propres projections colorent ce reflet.

Quand nous écoutons, parlons et observons notre esprit, il est bon de se rappeler que :

* Quand nous prenons conscience des qualités négatives présentes en nous, et de réactions déplaisantes à l'expérience des autres, il est important de manifester envers nous-mêmes autant de gentillesse, de compréhension et d'empathie qu'envers les autres.
* Avant de poser à un autre participant des questions sur son expérience, vérifiez d'abord votre motivation. Les questions que

nous posons aux autres sont parfois des questions voilées sur nous-mêmes, nées du désir d'explorer notre expérience personnelle. Parfois nous en sommes conscients, parfois non. Veillez à ce que vos questions portent fondamentalement sur les autres participants et soient sincèrement motivées par une volonté de les aider dans leur processus de découverte personnelle.

* À un moment du processus, il est probable que quelque chose ou quelqu'un déclenche en vous une émotion ou une réaction gênante. Si c'est le cas, ne la fuyez pas ; observez plutôt votre inconfort tout comme vous observez vos expériences de méditation, avec curiosité, gentillesse et compassion.
* Quand vous accompagnez la pratique de méditation des autres, il est bon de se rappeler que :
  – Sympathiser avec les autres en disant comment leur expérience entre en résonance avec vous n'est pas aussi utile que de leur poser des questions qui les ramènent à leur propre expérience directe.
  – Deviner ce qui pourrait se passer dans la pratique de méditation de quelqu'un d'autre ou comparer avec votre propre expérience est également moins utile que de leur poser des questions.

LA PLEINE CONSCIENCE ENSEMBLE

Comme beaucoup de parents, je mène de nombreuses vies différentes. Je mène la vie d'un cadre d'entreprise, d'une maman, d'une fille, d'une sœur, d'une épouse, d'une chef de PME, d'une amie, d'une bénévole, d'une malade, de quelqu'un qui est sur la pente ascendante et de quelqu'un qui est sur la pente descendante. Dans chacune de ces vies, j'ai des collègues, des amis et de la famille, avec qui j'ai pratiquement la même conversation, qui ressemble à ceci :

> Depuis notre plus jeune âge, le monde où nous vivons nous encourage à nous efforcer d'être un individu particulier. C'est un monde qui sépare les gens et qui valorise la réussite, qui glorifie les résultats aux dépens du processus. Mais à mesure que nous avançons vers la maturité, le désir d'être un individu particulier commence à sonner creux. Nous découvrons que même avec beaucoup de chance, même en réalisant nos rêves les plus fous ou presque, nous pouvons ressentir un sentiment de manque. À chaque succès, la barre est placée plus haut. Nous aimerions tant quitter ce manège et cesser de vouloir attraper un anneau d'or insaisissable, mais nous ne voyons pas d'autre solution. Est-ce parce qu'il n'existe pas d'autre solution, ou est-ce seulement l'échec de notre imagination ? Beaucoup seraient prêts à renoncer au monde matériel s'ils croyaient vraiment être plus heureux avec moins. Mais renoncer à la réussite reviendrait-il à jeter le bébé avec l'eau du bain ? Y a-t-il un moyen d'accepter ce paradoxe et de mieux le comprendre, pour célébrer la vie que nous menons déjà ?

Vous avez peut-être eu ce genre de discussion avec des amis et des collègues. Quand vous chercherez des compagnons de méditation, ou simplement des gens avec qui en parler, je vous encourage à nouer ou à renouer contact avec ceux avec qui vous vous êtes interrogé sur la vie. Ils seront vos miroirs tout au long de ce voyage, et vous serez le leur.

*Soyez pleins d'amour
Soyez heureux et confiants
Vivez en paix
Sans soucis*

Un élève de CE1

3
La respiration ou l'art du calme

À sept heures du matin, par un beau jour d'hiver à Los Angeles, je me trouvais dans une salle de classe, assise sur une chaise conçue pour un enfant de six ans. J'avais d'un côté un interprète et de l'autre un garde de sécurité, et j'enseignais à un groupe de mères hispaniques des techniques simples de conscience de la respiration pour les aider à se sentir mieux, physiquement et mentalement, face aux énormes pressions qu'elles subissaient tous les jours. Ces mères étaient célibataires, victimes de violence domestique ou abusées par leur conjoint. Ma tâche était de leur enseigner les techniques de pleine conscience qu'elles pourraient à leur tour inculquer à leurs enfants, sinon par un apprentissage direct, du moins par l'exemple, qui est de loin la méthode la plus efficace que nous possédons en tant que parents.

Ce n'est pas un intérêt passionné pour la pleine conscience qui poussait ces femmes à se lever au petit matin. Très peu d'entre elles en avaient entendu parler avant de voir les prospectus, qui ne leur avaient pas forcément fait bonne impression. La plupart étaient des catholiques pratiquantes, et certaines pensaient que la pleine conscience était une religion mystique. D'autres la rattachaient au New Age californien. Elles étaient sceptiques, mais étaient venues de bonne heure s'allonger sur le sol froid et essayer la pleine conscience, parce qu'elles auraient été prêtes à tout pour aider leurs enfants à accéder à une vie meilleure. À la fin du cours, elles parlèrent l'une après l'autre du soulagement qu'elles éprouvaient à s'accorder du temps pour calmer leur corps et leur esprit.

À l'époque, je commençais à peine à enseigner la pleine conscience aux enfants et aux familles, et je regardais parfois la classe avec étonnement. Comment pouvais-je être si certaine que ces techniques simples de respiration, les mêmes qui m'avaient aidée à surmonter une époque particulièrement traumatisante de ma vie, seraient utiles à d'autres ? Travailler avec des enfants privilégiés à qui leurs parents pouvaient offrir quantité d'activités enrichissantes, cela n'avait aucun rapport. Après tout, enseigner la pleine conscience à des enfants ne peut faire de mal à personne, et les aide au moins à voir les choses sous un autre angle, même brièvement.

Je me sentais moins à l'aise dans ce centre de lutte contre la violence domestique. Dans les zones défavorisées, le temps et l'énergie sont des ressources aussi rares que l'argent, et pour ma propre paix mentale, je devais être sûre à 100 % de pouvoir aider ces familles, et pas seulement les aider un peu. Il fallait que mon aide justifie qu'on demande à ces enfants et à ces mères de se lever tôt le matin, et surtout qu'on leur demande d'élever leurs espoirs.

Près de dix ans après, j'ai pu constater les avantages de la pleine conscience dans différentes cultures, dans tous les groupes d'âge, et sur tous les continents. Je n'ai plus ces doutes.

TROUVER CE QUI EST DÉJÀ LÀ

La clarté naturelle de notre esprit peut être masquée par l'incessant bavardage mental de l'expérience quotidienne. Imaginez que vous contemplez la surface d'un lac. Quand l'eau est calme, vous en voyez le fond, le sable et les pierres. Mais par un jour de grand vent, quand il y a des vagues à la surface, vous ne voyez plus ce qu'il y a en dessous. L'agitation mentale ressemble au vent à la surface d'un lac, elle crée des vagues qui masquent l'esprit clair et paisible. L'introspection calme les vagues et nous pouvons à nouveau voir l'eau immobile au fond du lac. Le processus d'introspection apaise les pensées et émotions agitées, nous permettant de découvrir le calme et la clarté mentale qui sont déjà là. Il n'est pas facile d'expliquer ce concept à des enfants uniquement par des mots, mais on peut le leur faire comprendre avec une bouteille d'eau et un peu de bicarbonate de soude.

Le jeu de l'esprit clair

Prenez une bouteille pleine d'eau, posez-la sur une table et demandez aux enfants de regarder à travers. Ils vous verront ou verront ce qui se trouve sur la table. Versez dans l'eau une tasse de bicarbonate de soude et agitez la bouteille. À quoi ressemble-t-elle maintenant?

LA RESPIRATION OU L'ART DU CALME

> Voient-ils encore à travers ? Sans doute pas : le bicarbonate brouille l'eau et obscurcit la vision. Tout comme le bicarbonate dans l'eau, les pensées et émotions créent le désordre dans notre tête et troublent notre esprit clair par ailleurs. Au bout d'une minute ou deux, regardez à nouveau cette eau. Que se passe-t-il si vous la laissez immobile ? Plus la bouteille reste sans bouger, plus le bicarbonate de soude retombe et plus l'eau devient claire. Bientôt, tout le bicarbonate se déposera au fond et les enfants pourront à nouveau voir à travers l'eau. Cela vaut aussi pour notre esprit. Plus nous nous détendons en suivant le rythme de notre respiration, plus nos pensées et émotions s'apaisent et plus notre esprit devient clair.

Dans son livre *Esprit zen, esprit neuf*[14], Suzuki Roshi décrit l'esprit clair comme « l'esprit d'un débutant », l'esprit d'un enfant. L'esprit d'un débutant reflète un état mental ouvert et réceptif, un état de conscience non réactive et non conceptuelle. Il n'est pas vide, mais c'est un verre à travers lequel nous faisons l'expérience claire et directe de la vie. J'explique cette manière de voir et de faire l'expérience de la vie en comparant deux visions différentes d'un arc-en-ciel. Celui qui sait que les arcs-en-ciel existent mais n'en a jamais vu n'a pas du tout la même perspective conceptuelle que celui qui a déjà vu et ressenti la magie d'un arc-en-ciel dans un ciel d'après-midi.

L'esprit d'un débutant est ouvert et réceptif aux idées nouvelles, et non fermé par l'adhésion rigide à ce qu'il croit vrai. Mettre de côté les idées et concepts préconçus pour regarder les choses d'un œil neuf est l'une des qualités les plus difficiles à cultiver dans la pratique de la pleine conscience, et ce n'est pas facile à décrire. Mais j'ai trouvé un moyen de le faire alors que je ne m'y attendais pas du tout. Un jour, en préparant le petit déjeuner, quand mes enfants étaient petits, j'ai ouvert une boîte cylindrique de céréales et j'ai été surprise.

Au lieu de trouver des flocons d'avoine, j'ai découvert la cachette où ma fille avait rangé sa collection de bijoux en verre coloré. Pour une raison mystérieuse, son coffre au trésor avait fini dans le placard de la cuisine. Quand j'ai vu ce que contenait la boîte, à l'encontre de mes attentes, j'ai vécu un moment de savoir non conceptuel, un flash de conscience, alors que mon rituel du matin était perturbé. « Ah ah, me suis-je dit. Voilà un moyen de lancer la discussion sur l'esprit d'un débutant avec des enfants. » Alors j'ai mis la boîte à céréales dans mon sac à dos et je suis partie faire cours. Depuis, j'ai très souvent utilisé cette boîte comme aide visuelle dans un jeu de pleine conscience que j'appelle « Qu'y a-t-il dans la boîte ».

Qu'y a-t-il dans la boîte ?

Prenez une boîte de céréales vide et mettez-y quelque chose d'amusant. Par exemple, un ensemble de cailloux colorés, une petite voiture ou des Lego. Placez-la au milieu du cercle d'enfants, ou sur une table devant vos propres enfants, et demandez-leur de deviner ce qu'il pourrait bien y avoir dans cette grande boîte, à part des céréales. J'ai tout entendu, depuis « des flocons d'avoine » jusqu'à « des lézards ». Une fois que tout le monde s'est exprimé, demandez aux enfants ce qu'ils ressentent, à ne pas savoir ce qu'il y a dans la boîte. Veulent-ils savoir ? Leur est-il déjà arrivé des choses sans qu'ils sachent de quoi il s'agissait ? Comment l'ont-ils vécu ? Que ressent-on lorsqu'on est vraiment curieux et désireux de découvrir ? Prenez du temps avec les enfants pour prêter attention à ce qu'on ressent lorsqu'on ignore une chose. Demandez-leur ce que ressent leur corps quand ils ne savent pas ce qui se passe. Est-ce confortable ? Est-ce inconfortable ? Certains

LA RESPIRATION OU L'ART DU CALME

> sont-ils excités ? Demandez-leur si cela ressemble à avoir des papillons dans le ventre. Voyez s'ils peuvent ressentir dans toute la pièce l'énergie et le frisson de ne pas savoir. S'ils les ressentent, qu'ils restent assis et respirent pour incorporer toutes ces sensations. Et maintenant ils peuvent regarder dans la boîte !

L'esprit d'un débutant est la chose la plus naturelle au monde, mais on l'a fait disparaître avant, bien avant l'âge adulte chez beaucoup d'entre nous. Chez l'enfant, c'est le cadre mental par défaut, mais il arrive aussi que nous les en privions par inadvertance. Quand je travaille avec des enfants, et surtout avec des adolescents, je me rappelle le refrain de la chanson « Anyone Can Whistle », de Stephen Sondheim : « Ce qui est dur est simple. Ce qui est naturel a du mal à venir. » Même avec les meilleures intentions, nous ne rendons pas toujours la vie simple pour nos enfants.

Beaucoup des enfants auxquels j'enseigne sont très doués. Ils ont de bonnes notes, ils sont dans la meilleure équipe sportive, ils jouent en solo lors du concert de fin d'année, ils accomplissent des tâches d'utilité collective et ont d'excellents résultats aux évaluations nationales : ils réussissent tout. Le succès social leur vient assez facilement. Pas étonnant : beaucoup d'entre eux observent depuis toujours la réussite de leurs parents. La bonne nouvelle, c'est qu'en donnant en exemple le travail assidu nous avons permis aux choses difficiles de venir naturellement à nos enfants. Le revers de la médaille, c'est que nous rendons parfois très dures des choses naturelles, comme de retrouver « l'esprit d'un débutant », cet esprit d'enfant, ouvert et curieux.

ÉLOGE DE LA GENTILLESSE

Pour les parents et les enfants qui veulent retrouver la clarté d'esprit du débutant, il faut mener une vie qui favorise l'amour, la gentillesse, la joie, l'égalité d'humeur, la patience, la générosité, l'humilité, la jouissance du bonheur des autres, la compassion et le dévouement. Je raconte à mes élèves l'histoire d'un enfant qui vit ainsi, inspiré d'un récit classique de la pleine conscience[15].

Un conte : la douce et bonne princesse

Il était une fois une douce princesse qui habitait un royaume magique. En ce temps-là, toutes les familles royales de l'empire envoyaient leurs enfants dans une célèbre école, l'École de la Sagesse. C'était une école spéciale où des maîtres sages venus de tout le royaume enseignaient. Pendant les cours, ils siégeaient sur un trône volant couvert de bijoux au-dessus du jardin, et les élèves étaient assis sur une pelouse faite de l'herbe la plus verte qu'on ait jamais vue. L'école était réputée pour ses cours, et les gens affluaient des villes et des villages environnants pour entendre la parole d'or des sages. Quand le moment vint pour la princesse, elle remplit son cartable, dit au revoir à ses parents et emprunta le long chemin de terre sinueux qui menait à l'École de la Sagesse.

La douce et bonne princesse était très enthousiaste quand elle arriva dans sa nouvelle école. Mais elle comprit bien vite qu'elle n'y était pas à sa place. Elle ne faisait rien comme les autres enfants, elle ne parlait pas comme les autres enfants. Ses amis et ses maîtres disaient qu'elle passait son temps à rêvasser. Ses professeurs ne la voyaient jamais étudier, elle avait l'air de dormir tout le temps ; ils ne la comprenaient pas. Alors ils décidèrent de tester ses connaissances. Ils demandèrent à leur petite rêveuse de faire un exposé dans le jardin, espérant qu'elle travaillerait pour ne pas être ridicule devant les autres. La gentille princesse consentit, mais elle ne travailla pas davantage. Le jour de l'exposé approchait et ses professeurs s'inquiétaient beaucoup. Quand vint son heure, la douce et bonne princesse monta sur le trône réservé aux plus sages et prit la parole. Pendant ce temps, ses amis et une foule de gens des environs se rassemblèrent dans le jardin de l'école. Assise sur le trône volant, la princesse rêveuse expliqua qu'elle s'était promis d'aider tous ceux qu'elle rencontrerait à être heureux. Sa voix fut entendue dans le voisinage et le jardin se remplit bientôt de villageois attirés par le discours de la princesse.

Elle voulait remplir les maisons de musique agréable. Elle disait qu'il pleuvrait des fleurs dans tous les jardins. Elle souhaitait devenir garde du corps pour protéger ses amis et sa famille de tout danger. Elle voulait être un bateau, un radeau ou un pont, pour aider ses amis à franchir les rivières déchaînées ; un lit douillet où les gens fatigués pourraient se reposer ; et une lumière pour ceux qui avaient peur dans le noir. La gentille princesse voulait devenir médecin pour soigner les malades, lampe magique pour réaliser les vœux des autres. Ce ne sont là que quelques-uns des vœux bienveillants que la gentille rêveuse énonça devant son auditoire ce jour-là.

Cette histoire ne s'arrête pas là, et je la poursuivrai au chapitre 9. Pour le moment, alors que je tape sur mon ordinateur dans ma chambre, tandis que Seth est sur le sien en bas, que Gabe travaille sa guitare et qu'Allegra est couchée dans mon lit pour lutter contre un rhume de cerveau, j'aimerais vous envoyer quelques vœux généreux.

Que vous gardiez toujours votre sens de l'humour.
Que vous vous amusiez beaucoup en pratiquant la pleine conscience avec les enfants.
Que vous aimiez le processus de découverte qui définit ce travail et que vous acceptiez de ne pas connaître toutes les réponses.
Que vous vous rappeliez toujours qu'aider les enfants à devenir plus conscients d'eux-mêmes, des autres et de la planète est un travail vraiment sérieux.
Tout comme aimer, chanter, danser, rire, jouer et s'amuser.

Les vœux de gentillesse comme ceux de la gentille princesse et ceux que je viens d'envoyer peuvent sembler un peu naïfs ou mièvres, mais ils sont un élément clef de la pratique de la pleine conscience pour les enfants, ils enseignent la compassion. Et elle peut vous paraître familière si vous avez déjà rencontré la pratique classique de l'amour bienveillant.

EXERCICES DE GENTILLESSE

Les pratiques classiques que je préfère cultivent la bonne volonté, et sont parmi les premières que j'ai partagées avec des enfants. Mais quand je suis passée du travail exclusivement avec des plus grands au travail avec des petits de quatre ans, j'ai dû trouver, pour décrire ce que nous faisions, un nom qui parle aux tout-petits. Je me suis tourné vers Gay Macdonald, éducatrice spécialiste de cette tranche d'âge, qui a plus de vingt-cinq ans d'expérience de l'enseignement en maternelle et qui se voit confier chaque année quelque trois cent cinquante enfants dans le cadre de l'accueil des tout-petits à UCLA. Elle m'a suggéré de parler de l'amour bienveillant dans le contexte de l'amitié. C'est de cette conversation qu'est née la pratique des *vœux généreux*.

Des occasions de vœux généreux se cachent dans tous les aspects de la vie, et ne sont limitées que par notre imagination. Les enseignants et parents avec qui j'ai travaillé intègrent cette pratique aux activités quotidiennes, inspirés par les piscines, les concerts de rock et les forêts paisibles. Je vous encourage à regarder les gens, les lieux, les animaux et les autres êtres vivants qui ont compté dans votre vie, afin d'utiliser leur souvenir comme le ruban qui vous permettra de tisser vos propres vœux généreux. Pour vous aider à démarrer, voici le cadre général inspiré de la pratique classique de l'amour bienveillant, mais adapté à de petits enfants dont l'esprit, à leur stade de développement, a encore du mal à saisir les concepts abstraits.

* Demandez à vos enfants de s'envoyer des intentions amicales entre eux, souhaitant aux uns et aux autres qu'ils soient heureux et s'amusent, qu'ils soient en bonne santé et qu'ils soient en sécurité avec leur famille et leurs amis.
* Ensuite, suggérez-leur de choisir un ami ou un membre de leur famille, si possible quelqu'un qui se trouve dans la pièce avec eux, et d'envoyer en silence des vœux généreux spécialement destinés à cette personne. Par exemple : « Papa, je veux que tu sois heureux ; j'espère que tous tes rêves se réaliseront ; je veux que tu sois fort et en bonne santé ; je veux que tu éprouves beaucoup d'amour dans ta vie ; je veux que tu rentres de bonne heure du travail pour que tu puisses jouer avec moi ; j'espère que tu es calme et paisible ; je veux que tu sois toujours en sécurité. »

* Après avoir adressé ces vœux généreux à quelqu'un qu'ils connaissent, de préférence quelqu'un qui est dans la pièce avec eux, suggérez-leur d'envoyer des vœux généreux à des gens qui ne sont pas présents, en commençant par la famille et les amis, puis les gens qu'ils ont rencontrés, ceux qu'ils n'ont jamais vus mais qu'ils aimeraient rencontrer, et enfin toutes les choses vivantes du vaste monde. Les enfants peuvent s'imaginer disant à ces gens, à ces lieux et à ces êtres vivants : «J'espère que vous êtes heureux ; j'espère que vous êtes en bonne santé et que vous vous amusez bien, que vous êtes en sécurité et que vous ne souffrirez jamais, et que vous vivez en paix avec ceux que vous aimez.»
* Les enfants plus grands et les adolescents peuvent envoyer des vœux généreux aux gens qui les agacent ou avec qui ils sont en conflit. Je préfère cependant éviter ces pratiques avec les jeunes enfants.
* Avec les petits, je clos le cercle des vœux gentils par les enfants eux-mêmes, en leur demandant d'internaliser à nouveau et de se dire à eux-mêmes, en silence : «Que je sois heureux, que je sois fort et en bonne santé, que je sois à l'aise, en sécurité et en paix avec ma famille, mes amis, mes animaux et tous ceux que j'aime.»

Les vœux généreux sont l'une des nombreuses pratiques qui peuvent amener les enfants à faire l'expérience de l'esprit du débutant. Une autre est la conscience de la respiration.

INSPIREZ... EXPIREZ

La plupart d'entre nous ont vécu des moments de conscience modifiée. Ces expériences surgissent de nulle part et sont si puissantes qu'elles changent notre vie. Imaginez que vous formiez votre esprit afin de mieux pouvoir accéder à cet état mental quand vous le voulez et où vous le voulez. Assez peu de gens maîtrisent entièrement cette compétence, pourtant l'entraînement qui permet d'acquérir cette capacité mentale ne nécessite aucun détour, et il est même simple. Aussi simple que le geste de respirer.

On peut comparer l'esprit non entraîné à un éléphant sauvage qui chasse à travers la forêt et détruit tout sur son passage. Un éléphant sauvage possède un énorme potentiel pour faire le bien, mais le défi consiste à le discipliner. L'image classique, quand il s'agit de discipliner un éléphant, est de l'attacher à un poteau. Au début, l'éléphant tire et tente de se libérer, mais la corde le retient. Finalement, il comprend que l'effort est vain et il attend patiemment. Lorsqu'il découvre la pleine conscience de la respiration, l'esprit non entraîné vagabonde d'une pensée à l'autre, d'un récit à l'autre, tout comme l'éléphant sauvage qui tente de s'éloigner du poteau. Dans la pratique de la conscience de la respiration, le poteau est l'acte physique de respirer et la corde est la pleine conscience, qui ramène doucement notre attention à la respiration. Comme un éléphant attaché à un poteau, notre esprit et notre corps s'installent paisiblement quand nous pratiquons la respiration consciente, si nous sommes patients et si nous accordons le temps et l'espace nécessaires à ce calme.

En pratiquant la respiration consciente, nous sentons ce qui se passe dans notre esprit et notre corps alors que nous goûtons la sensation calme de notre respiration. Il n'y a pas de bonne ni de mauvaise façon de respirer ; les inspirations longues ne valent pas mieux que les courtes, les inspirations profondes ne valent pas mieux que les peu profondes. Et il n'y a rien de particulier à faire ; le but est de vivre pleinement l'instant présent. Essayez, d'abord seul, puis avec vos enfants. Même les parents qui connaissent bien la pleine conscience ont tendance à oublier cet enseignement classique : *Quand tu te protèges, tu protèges les autres. Quand tu protèges les autres, tu te protèges*[16]. Les parents ont l'habitude de faire passer les besoins du reste de la famille avant les leurs. Malgré nos bonnes intentions, il est possible de manquer le lien entre prendre soin de sa famille et prendre soin de soi-même.

Pour paraphraser un grand professeur de pleine conscience : « Si vous êtes enfoncé dans la boue, vous ne pouvez pas aider les autres à en sortir. Alors, avant de pratiquer la conscience de la respiration avec votre enfant, essayez-la seul pour en découvrir les avantages dans votre vie. Quand vous aurez compris la respiration consciente, vous pourrez l'enseigner à votre enfant. » Mais d'abord, vous devez trouver, votre enfant et vous, une posture confortable de méditation assise.

En tailleur, c'est meilleur

Imaginez un tabouret dont le poids est également réparti sur ses trois pieds. Cette idée inspire la position que les enfants appellent « En tailleur, c'est meilleur » : assis en tailleur sur un oreiller, une jambe sur l'autre, le poids réparti équitablement entre vos deux genoux et votre postérieur. Votre dos est droit, vos yeux sont fermés ou doucement concentrés vers le bas. Dans certaines traditions, ce regard baissé est appelé « pudeur des yeux ». Si vous avez du mal à vous asseoir en tailleur par terre, il existe des positions moins ardues et tout aussi stables, comme s'agenouiller sur un coussin ou sur un banc de méditation ou s'asseoir sur une chaise, le dos droit, les pieds à plat sur le sol, l'un à côté de l'autre.

LA RESPIRATION OU L'ART DU CALME

Les enfants s'avachissent parfois lorsqu'ils méditent, et leur corps se tend lorsqu'ils se redressent. Pour aider les enfants à trouver une position droite mais détendue, essayez de « remonter la fermeture Éclair ». Imaginez qu'une fermeture passe au milieu de votre corps, du nombril au menton. Une main devant le torse, près du nombril mais sans le toucher, l'autre main dans le dos, à la base de la colonne vertébrale mais sans la toucher, promenez vos mains de bas en haut en disant « Ziiiip ! ». Maintenant que vous avez remonté la fermeture Éclair, les bras tendus vers le ciel, poussez un cri de joie *silencieux*, en agitant les mains sans rien dire. Puis laissez-les retomber et recommencez en inversant la main qui est devant et celle qui est derrière. Remontez à nouveau la fermeture et poussez un cri de joie silencieux avant de laisser retomber vos mains sur vos genoux.

Dans cette posture centrée et confortable, vos enfants et vous êtes prêts à focaliser votre attention sur la sensation de votre respiration qui entre et sort de votre corps.

Prendre conscience de sa respiration

Au début de chaque période de méditation, vous relâchez autant que possible la tension physique dans votre corps afin de vous installer dans une sensation de confort et d'espace. Vous détendez votre corps et votre esprit et, sans faire d'effort particulier ni sans rien attendre, vous laissez votre esprit retrouver son état naturel, ouvert, clair et expansif. Vous donnez à votre corps et à votre esprit une occasion de se reposer. Quel que soit l'endroit où vous êtes, quel que soit ce que vous avez à faire ensuite, la seule chose pour le moment consiste à méditer et à

96 – *Un cœur tranquille et sage*

faire une pause. Il n'y a nulle part où aller. Il n'y a rien d'autre à faire. Il n'y a personne à qui faire plaisir. Pour le moment, rien n'est plus important que de vous occuper de vous. Alors pour quelques minutes seulement, vous vous accordez une pause. Vous éprouvez la sensation de votre respiration telle qu'elle est en ce moment, sans la manipuler. Votre respiration peut être lente et calme. Elle peut être rapide et courte. Elle peut être régulière ; elle peut ne pas l'être, peu importe. Tout ce qui compte, c'est que vous prêtiez attention à ce que vous ressentez, sans l'analyser, sans rien faire d'autre que de goûter l'expérience de respirer et d'être en vie.

Les premières fois où vous vous concentrez ainsi sur votre respiration, ne vous inquiétez pas si vos enfants se sentent physiquement mal à l'aise, ou si c'est votre cas. Il n'est pas rare que des enfants aient l'impression que leur respiration est oppressée, qu'ils reconnaissent pour la première fois qu'ils respirent par la bouche plutôt que par le nez et qu'ils n'aiment pas cette sensation. Il n'est pas rare non plus que des émotions désagréables surviennent aussitôt. Tout cela est parfaitement naturel. Encouragez les enfants à remarquer cette sensation, et à remettre son analyse à plus tard. Voici comment j'explique cela à mes élèves ; vous pouvez mettre cela dans vos propres mots si vous le décrivez à vos enfants.

Expliquer aux enfants la conscience de la respiration

Il m'arrive quelque chose de bizarre quand j'observe ma respiration, et cela t'arrive peut-être à toi aussi. Il suffit que je l'observe, sans rien faire, pour que ma façon de respirer change. Souvent, rien qu'en lui prêtant attention ma respiration devient plus profonde et plus lente, il s'écoule plus de temps entre une inspiration et une expiration. C'est incroyable ! Après, il m'arrive autre chose. Quand ma respiration commence à devenir plus lente et plus profonde, mon corps et mon esprit se mettent à ressentir différemment les choses. Quand ma respiration ralentit et s'apaise, quand je peux me concentrer sur elle et que les autres choses disparaissent, mon corps a tendance à se détendre. Et à mesure que mon corps se détend, je remarque souvent que mon esprit ralentit et s'apaise.

Mais, parfois, je n'arrive pas à me concentrer sur ma respiration, même si je ne suis pas distraite par ce que je pense ou ce que je ressens. Mon esprit ne ralentit pas et mon corps ne se détend pas. En fait, c'est le contraire.

Si je m'inquiète de quelque chose et que je ne peux pas me concentrer, ma respiration devient courte et rapide, et mon corps est comme quand je suis inquiète ou contrariée. Si cela t'arrive aussi, ne t'inquiète pas ; c'est entièrement naturel et logique, puisque tu penses à quelque chose qui te tracasse. Quand tu penses à une chose déplaisante, tu ne te concentres pas sur ta respiration mais sur autre chose. Alors quand tu remarques que tu penses à tes problèmes, ramène doucement ton attention à ta respiration. Ce moment où tu remarques que tu es distrait et où tu ramènes ton attention sur ta respiration, c'est exactement ça, un moment de pleine conscience.

Avant de pratiquer la pleine conscience de la respiration avec de jeunes enfants, je leur explique que le souffle, le corps et l'esprit ont tendance à changer quand nous prêtons attention à notre respiration. Quand je travaille avec des enfants plus grands et des adolescents, je ne décris pas le processus. Nous pratiquons ensemble, puis je leur pose des questions qui doivent les aider à identifier leur propre processus.

Par exemple, je demande : Comment s'est déroulée votre première pratique de conscience de la respiration ? Êtes-vous restés concentrés sur votre souffle ? Votre respiration a-t-elle changé à mesure que vous pratiquiez ? Cela les encourage à chercher en eux les réponses, puis à se fier à leur propre compréhension de ce qui s'est passé.

J'ai récemment interrogé un petit garçon de huit ans, prénommé Carey, au sujet de sa pratique de la méditation. Quand nous avons commencé à travailler ensemble, il ne pouvait pas tenir en place et était incapable de contrôler ses pensées. Carey avait besoin d'exprimer tout ce qui lui venait à l'esprit, dès que cela lui venait. Je l'ai vu deux fois par semaine pendant une vingtaine de jours, et, au bout de la sixième séance, il m'a dit : « Quand je suis en colère, ma respiration est forte comme un lion. Quand je suis excité, ma respiration est comme un écureuil qui court en rond. Quand j'ai sommeil, ma respiration est lente comme une tortue. » Voilà un enfant qui comprend comment son souffle est lié aux différents états de son esprit et de son corps.

En général, quand nous pratiquons la pleine conscience de la respiration, nous suivons notre souffle qui monte et qui descend sans rien faire de particulier. Quand nous nous installons dans ce rythme, nous remarquons les changements qui surviennent naturellement dans notre corps et notre esprit. Tout comme Carey, nous commençons à comprendre que différentes manières de respirer affectent notre corps et notre esprit. Parfois les enfants ont besoin d'aide pour voir cette relation, et même ceux qui la distinguent spontanément mettent parfois beaucoup de temps à la repérer. On peut accélérer le processus en demandant aux enfants de respirer vite ou lentement, puis en leur demandant de faire le lien entre leur façon de respirer et ce qui se passe dans leur corps et leur esprit. En général, ils sont plus calmes quand ils respirent lentement que lorsqu'ils respirent vite, mais pas toujours. Sans une pratique comme celle-ci qui souligne le lien entre respiration, corps et esprit, les enfants peuvent avoir du mal à relier les trois. C'est surtout difficile, voire impossible, pour de très jeunes enfants, alors ne les poussez pas au-delà de leurs capacités. Voici justement un exercice adapté pour les enfants de tout âge.

Connecter le souffle, le corps et l'esprit

Tu observes ce qui se passe dans ton corps et dans ton esprit. Puis tu inspires profondément trois fois, et tu vérifies à nouveau ton corps et ton esprit. C'est toujours pareil ? Tu observes les trois parties de ta respiration : l'inspiration, l'expiration et la pause entre les deux. Observons chacune de ces trois étapes et voyons ce qui se passe. Confortablement assis, nous allons prêter attention à absolument tout ce qui concerne notre respiration.

1. D'abord, voyons ce qui se passe quand notre respiration est longue. Inspire et expire longuement. Prête attention à tout dans ta longue inspiration. Maintenant sois attentif à tout ce qui se passe durant ta longue expiration. Comment est-ce ? Où les sens-tu dans ton corps ? Est-ce que c'est rapide ? Lent ? Frais ? Chaud ? Lisse ? Rugueux ? Régulier ? Observe ce que tu ressens à présent dans ton corps. Ressens-tu une différence dans ton corps par rapport à avant ? Comment ? Où ? Dans ta tête, ton ventre, tes épaules, ton cou ?

2. Ensuite, nous allons observer ce qui se passe quand notre respiration est courte. Prends une inspiration courte et une expiration courte. Fais attention à tout dans ton inspiration courte. Maintenant prête attention à tout dans ton expiration courte. Comment est-ce ?

Où les sens-tu dans ton corps ? Est-ce que c'est rapide ? Lent ? Frais ? Chaud ? Lisse ? Rugueux ? Régulier ? Observe ce que tu ressens à présent. Y a-t-il une différence dans ton corps entre les respirations longues et les respirations courtes ? Si oui, laquelle ? Où ressens-tu cette différence ? Dans ta tête, ton ventre, tes épaules, ton cou ?

3. Maintenant, respire naturellement. Tu observes les trois parties de ta respiration : l'inspiration, l'expiration et la pause entre les deux. Tu examines le début et la fin de chaque étape. Peux-tu faire une pause dans l'intervalle entre les deux, le prolonger un instant ? Que ressens-tu alors ? Quelque chose change-t-il dans ton corps et ton esprit ? Sens-tu une différence dans certaines parties de ton corps ?

4. Laisse la sensation de ton souffle passer à l'arrière-plan et déplace ton attention vers l'ensemble de ton corps. Que ressens-tu dans les bras ? les jambes ? l'estomac ? le front ? les épaules ? As-tu faim ? Froid ? Chaud ? Te sens-tu détendu ? tendu ? Quand tu changes de façon de respirer, cela change-t-il aussi ce que tu ressens dans ton corps ?

5. À présent, utilise ton souffle pour t'aider à ralentir et à te détendre. Inspire et laisse tes muscles se détendre. Expire et relâche toutes les tensions dans ton corps et ton esprit. Inspire et laisse tes muscles se détendre. Expire et relâche toutes les tensions.
Inspire, détends-toi. Expire, repose-toi. Inspirez, détends-toi. Expire, repose-toi.

LA CONSCIENCE DE LA RESPIRATION TOUT EN MARCHANT OU EN POSITION COUCHÉE

Il y a des gens pour qui il est difficile, sinon impossible, de rester assis pour pratiquer la pleine conscience : ils peuvent pratiquer la conscience de la respiration tout en marchant ou en position couchée.

Pratiquer la conscience de la respiration allongé est utile à l'heure du coucher, et fonctionne très bien avant les moments de repos à l'école. Parce que les enfants restent relativement longtemps allongés, il est bon de commencer par un étirement. Toute activité d'étirement comme la danse ou le yoga peut convenir. J'aime l'Étirement en étoile de mer parce qu'il combine stretching et conscience de la respiration.

L'étirement en étoile de mer

Avant de commencer cet étirement, j'explique aux enfants que l'étoile de mer a cinq branches qui se rassemblent au centre de son corps. Presque tout ce que fait une étoile de mer part de son centre. L'étoile de mer mange avec son centre, ses mouvements partent de son centre. Les êtres humains aussi font beaucoup de choses avec leur centre. Nous respirons même avec notre centre.

Ensuite, chacun se trouve une place à terre où il peut se coucher sur le dos et étendre les bras et les jambes comme une étoile de mer, sans toucher personne d'autre. Nous imaginons que nos deux bras, nos deux jambes et notre tête (avec notre cou) sont les cinq branches de l'étoile de mer. Nous inspirons profondément dans notre abdomen (notre centre) et nous étirons nos cinq membres contre le sol comme l'étoile de mer, en imaginant que le mouvement part de notre centre et se propage dans nos bras, nos jambes, notre cou et notre poitrine, jusqu'à nos mains, nos pieds et notre tête. Après, nous inspirons, nous expirons et nous nous détendons en reposant notre corps au sol, bras, jambes, dos, mains, pieds, cou et tête. Puis nous étirons à nouveau nos cinq branches (dont la tête et le cou), tout en inspirant. Quand nous expirons, nous nous détendons et laissons toutes les tensions de notre corps tomber dans le sol et dans la terre.

102 – *Un cœur tranquille et sage*

Nous répétons l'Étirement en étoile de mer deux ou trois fois avant de sombrer dans une position immobile, en laissant le poids de notre corps s'enfoncer dans le sol. Nous sommes maintenant prêts à nous reposer et à bercer nos animaux en peluche.

LA RESPIRATION OU L'ART DU CALME

Bercer un animal en peluche avec sa respiration

Demandez aux enfants de rester immobiles sur le dos, les jambes à plat sur le sol (ou sur un matelas), les bras le long du corps et les yeux fermés, si cela ne les met pas mal à l'aise. Dès que les enfants se sentent confortables, encouragez-les à laisser le poids de leur corps s'enfoncer dans le sol ou dans le matelas, et à se détendre. Puis vous posez un animal en peluche sur leur ventre. Utilisez vos propres mots pour les guider dans cet exercice, mais je vous propose un exemple de ce qu'on peut dire :
Voyez si vous arrivez à vous détendre et à sentir votre tête contre l'oreiller. Votre dos contre le sol. Vos bras sur les côtés. Sentez le poids de l'animal en peluche sur votre ventre. Maintenant, imaginez que vous promenez l'animal avec votre respiration : quand vous inspirez, votre ventre se remplit d'air et l'animal se soulève; quand vous expirez, votre ventre se vide et retombe. Quand l'air entre, l'animal monte. Quand l'air sort, l'animal descend. Pas la peine de changer votre respiration ou de faire quoi que ce soit, observez simplement ce que vous ressentez en inspirant et en expirant. Vous pouvez faire comme si votre animal était un vrai : vous imaginez que vous l'endormez en le berçant sur votre ventre, au rythme de votre souffle qui entre et qui sort.
Vous pouvez proposer les suggestions suivantes, selon la capacité de l'enfant à rester immobile et silencieux pendant une période prolongée. Ces instructions sont semblables à celles que j'utilise quand les enfants pratiquent assis la conscience de la respiration, mais je les ai modifiées pour des enfants plus jeunes et allongés.
• *Peut-être remarques-tu que lorsque tu fais attention à ta respiration, elle change naturellement; par exemple, elle peut devenir plus lente et plus profonde.*

*• Peut-être remarques-tu que lorsque tu fais attention à ta respiration, l'intervalle entre inspiration et expiration s'allonge.
• Peut-être remarques-tu que lorsque tu fais attention à ta respiration, les sensations de ton corps changent naturellement; par exemple, ton corps peut devenir plus calme et plus détendu.
• Peut-être remarques-tu que lorsque ta respiration devient plus lente et plus profonde, il est plus facile de rester immobile et que ton esprit ralentit naturellement et se calme également.
• Peut-être remarques-tu, quand tout le monde ralentit dans la pièce et se concentre sur sa respiration, que l'atmosphère change. Il est peut-être plus facile de se reposer et de faire comme si tu berçais ton animal en peluche.*

• Peut-être remarques-tu qu'il est plus facile d'être attentif quand tes amis, tes frères et sœurs et tes parents sont également attentifs. C'est un travail d'équipe, c'est ce qui se produit quand nous travaillons tous ensemble.

À la fin de cette pratique, j'invite les enfants à envoyer en silence des vœux généreux, s'ils sont encore éveillés. Pour les aider, vous pouvez

LA RESPIRATION OU L'ART DU CALME

formuler doucement des aspirations importantes pour votre famille et vous. Par exemple :
Demandez d'abord aux enfants de s'envoyer des vœux à eux-mêmes : «*Que je sois heureux; que je sois en bonne santé et que je m'amuse bien; que je sois fort et en sécurité; que je vive en paix avec ma famille et les gens que j'aime...*»
Puis aux autres : «*Que tout le monde soit heureux; que tout le monde soit entouré d'êtres aimés. Je veux que tout le monde ait une maison confortable et en sécurité; j'espère que tout le monde est en bonne santé et a beaucoup de bonnes choses à manger; je voudrais que tout le monde dans tout l'univers puisse vivre ensemble en paix.*»
Et ils peuvent envoyer des vœux aux animaux en peluche qu'ils font semblant de bercer : «*Faisons comme si votre animal en peluche avait des sentiments et qu'il aimait monter et descendre sur votre ventre tandis que vous respirez. Posons les mains sur l'animal en peluche pour le caresser. Imaginez que nous leur disons : «J'espère que tu es heureux, j'espère que tu ressens de l'amour; je veux que tu vives en paix; j'espère que des tas d'enfants joueront avec toi et t'adresseront des vœux gentils.*»

Ne soyez pas étonné s'ils ne se calment pas d'emblée, même s'ils sont couchés. Un de mes élèves lycéens avait du mal avec cet exercice parce qu'il n'aimait pas que je parle des peluches comme s'il s'agissait d'animaux réels. Il m'interrompait régulièrement pour murmurer que sa grenouille n'était pas réelle. À chaque fois qu'il évoquait ce fait, je lui rappelais que nous faisions simplement semblant. Au bout de plusieurs minutes, il parut satisfait de mon explication et finit par trouver un moyen de s'apaiser : au lieu de bercer la peluche, il s'enroula dans une couverture et se mit à rouler d'avant en arrière.

Ce mouvement rythmique et répété l'aida à se détendre et il finit par s'étendre immobile.

Dans le monde entier, le recours à des mouvements rythmiques et répétés est courant dans les activités contemplatives et apaisantes : les Juifs hassidiques et les moines tibétains se balancent tout en mémorisant des textes, les Indiens d'Amérique se balancent tout en psalmodiant des chants, les supporters se balancent de droite à gauche dans un stade, les personnes âgées aiment à se balancer dans des fauteuils à bascule sous leur porche, et les mamans bercent leurs bébés pour les endormir. Ayant remarqué toutes ces traditions, j'étais curieuse d'en découvrir la base scientifique et je me suis donc tournée vers le Dr Suzi Tortora, éducatrice et thérapeute par la danse et le mouvement ; elle avait été la professeur de danse de ma famille à Garrison, dans l'État de New York. Suzi Tortora associait le balancement à deux systèmes sensoriels cruciaux et parfois négligés : le système proprioceptif et le système vestibulaire. Ces deux systèmes sensoriels sont souvent sous-développés chez l'enfant souffrant de retard développemental, surtout chez ceux qui ont des problèmes d'intégration sensorielle.

Le système proprioceptif est le système de remontée des informations grâce auquel vous savez où votre corps se trouve dans l'espace, en soi et en relation avec les autres. Pour prendre conscience de votre système proprioceptif, fermez les yeux ou regardez droit devant vous et levez lentement un bras tout en prêtant attention à toutes les sensations qui accompagnent ce mouvement. Même si vous ne le regardez pas, vous savez où est votre bras, grâce au système proprioceptif[17]. Le système vestibulaire gère votre sensation d'équilibre et votre tonus musculaire. Il affecte aussi la capacité de l'enfant à diriger et à conserver son attention durant une action. En collaboration, ces systèmes permettent à l'enfant de sentir comment son corps est contenu, intégré et physiquement séparé des autres. Il l'aide à placer adéquatement son corps dans l'espace, en relation avec les êtres et les objets. Autrement dit, avec une conscience accrue de son équilibre et de la place de son corps dans l'espace, l'enfant se comprend mieux et il contrôle mieux son corps. J'en ai conclu que tout mouvement activant et développant ces systèmes serait utile aux enfants qui pratiquent la pleine conscience, surtout ceux qui ont du mal à rester immobiles longtemps.

Beaucoup d'enfants ont du mal à se tenir tranquilles et à méditer. L'inconfort physique et l'effort extrême qu'il leur faut pour rester calmes et silencieux sont parfois si intenses que le balancement est utile, voire crucial pour beaucoup lorsqu'ils s'essayent pour la première fois à la pratique introspective formelle. Pour aider ces enfants, j'ai adapté le mouvement du pendule, en prenant pour modèle la pratique classique de la méditation en marchant, que j'appelle Marche lente et silencieuse.

La marche lente et silencieuse

La Marche lente et silencieuse se compose de trois mouvements principaux : on lève le pied, on l'avance et on le repose. Pour commencer, il est utile de bien focaliser l'activité, en ne prêtant attention qu'à l'un des aspects de la marche : ce peut être la pression physique sur la plante du pied quand il se pose à terre, par exemple, ou tout autre aspect. Ce qui est important, c'est de maintenir sa conscience sur l'impression sensorielle : la sensation de lever, déplacer et poser. Après quelques séances de pratique, les enfants peuvent prêter attention à deux aspects de la marche : soulever et reposer, par exemple, ou avancer et mettre le pied à terre. Finalement, les enfants prêteront attention aux trois aspects :

lever, avancer et reposer. Notez bien que l'objectif de la Marche lente et silencieuse n'est pas d'être absorbé par l'expérience sensorielle, mais de prendre conscience de ce que l'on ressent et de toutes les réactions émotionnelles qui apparaissent durant l'exercice.

Lorsqu'ils prêtent attention à leur marche, certains enfants ont tendance à ralentir automatiquement, mais d'autres ont du mal à marcher moins vite. Dans ce cas, inversez l'ordre du processus et encouragez-les d'abord à ralentir volontairement. Marcher lentement peut être contrariant et, comme toujours avec des enfants, il est important d'adapter cet exercice pour qu'ils se sentent à l'aise et qu'ils aiment le pratiquer.

J'enseigne le Pendule de manière similaire, et je substitue les mouvements latéraux à ceux de la marche. La Marche lente et silencieuse et le Pendule sont tous deux des exercices de concentration, l'objet d'attention étant l'expérience sensorielle. Comme pour toutes les pratiques de concentration, quand l'enfant sent que son esprit s'égare, il doit le ramener sur l'objet d'attention.

Le pendule

Le but de cette activité est d'aider ceux qui ont du mal à rester calmes à méditer en groupe. Il s'agit de découvrir un balancement répétitif et rythmique que les enfants trouvent apaisant. Les mouvements irréguliers n'encouragent pas la sensation de calme ou de concentration. Comme le Pendule doit être apaisant pour être efficace, et comme ce qui calme un enfant peut en agiter ou en contrarier un autre, le rythme et la durée de chaque balancement varie. Tant que les enfants ne se cognent pas délibérément les uns contre les autres, aucun rythme n'est préférable à un autre pour le balancement.

LA RESPIRATION OU L'ART DU CALME

Quand j'enseigne le Pendule, j'utilise comme point de référence les instructions classiques de la Marche lente et silencieuse. Tout comme il existe trois mouvements principaux (qu'on appelle parfois occurrences) dans la marche — on lève le pied, on l'avance et on le repose —, il existe trois mouvements principaux dans le Pendule : le balancement, le déplacement et le centrage. En se mettant en position centrée, assis sur un coussin ou debout, on commence par se balancer d'un côté, en gardant le postérieur collé au coussin. Ce balancement est l'équivalent de l'avancement du pied dans la Marche lente et silencieuse.

Quand vous atteignez le point au-delà duquel vous ne pouvez vous balancer plus loin sans soulever le postérieur, déplacez votre poids pour revenir vers le centre. Ce déplacement est comparable au moment de la Marche lors duquel vous levez le pied. Une fois votre poids déplacé, balancez-vous à nouveau vers le centre. Quand vous atteignez le centre du coussin, arrêtez-vous un moment. Si vous vous sentez parfaitement aligné avec le centre du coussin, vous avez trouvé votre centre. Ce moment de centrage est comparable au moment de la Marche lors duquel vous reposez le pied. Les instructions pour le Pendule sont à peu près celles-ci : balancement, déplacement, balancement, centrage. On continue à se balancer dans la direction opposée puis on revient au centre : balancement, déplacement, centrage, balancement, déplacement, centrage.
Au début, on marque une légère pause à chaque changement, mais peu à peu, comme pour la Marche lente et silencieuse, la pratique devient plus fluide. À mesure que les élèves se familiarisent avec les huit étapes de l'exercice (balancement, déplacement, balancement, centrage, balancement, déplacement, balancement, centrage) et que le mouvement devient plus fluide, vous pouvez les encouragez à enchaîner sans marquer de pause. Il est bon d'utiliser un instrument

à cordes pour accentuer chaque changement, en jouant pendant chaque mouvement, en cessant lors de la pause. Dans la Marche lente et silencieuse comme dans le Pendule, l'exercice est parfois maladroit au début, lorsqu'il est décomposé en sections, mais il devient peu à peu plus facile et son flux plus naturel.

La recherche n'a pas encore déterminé si le Pendule favorise le développement des systèmes sensoriels, mais en termes pratiques, cet exercice permet aux enfants qui ont du mal à rester tranquilles de pratiquer assis la respiration en pleine conscience. Il est bon de pratiquer en groupe, et le Pendule permet de faire travailler ensemble des enfants situés aux deux extrémités du spectre de l'attention et de l'autorégulation.

Face au succès du Pendule, Suzi Tortora a conçu d'autres activités amusantes pour aider les enfants à encore mieux comprendre la posture et les limites du corps, ici avec l'aide d'une bulle imaginaire. Voici comment je présente cet exercice en classe.

Les bulles dans l'espace

Les enfants délimitent leur espace en dessinant au sol un cercle imaginaire autour de leur corps. Ce cercle marque la limite d'une « bulle imaginaire » qu'on ne peut faire éclater sans autorisation et qui peut s'étendre au point de devenir énorme, assez vaste pour contenir une infinité de personnes et de possibilités, ou se contracter pour devenir minuscule. Les enfants peuvent étirer ou restreindre leur bulle à volonté. Si la pièce est pleine de gens, les bulles sont petites. Quand il y a de la place, la bulle peut être aussi vaste que l'imagination de l'enfant.

Tu es assis par terre en tailleur, tu imagines que ta bulle est énorme et tu tends les mains pour la toucher. Maintenant, tu ramènes tes bras contre ton corps et tu imagines que ta bulle rétrécit. Tu fais attention à tous ces changements. Quand tu es dans un grand espace, ta bulle peut devenir énorme. Quand tu es dans un petit espace comme la classe, ta bulle est plus petite et très proche de ton corps. Grande ou petite, ta bulle est toujours là, et personne, absolument personne, ne peut la faire éclater si tu ne le veux pas.

Chaque bulle est unique et les élèves peuvent imaginer qu'ils « décorent » leur bulle avec des cœurs, des étoiles, des Lego, des reptiles, des familles, des bonbons, à peu près tout ce qu'ils veulent. Puis ils se déplacent et « testent » leurs bulles en faisant semblant de rebondir les uns contre les bulles des autres. Puis deux enfants « testent » leur bulle au ralenti en rapprochant leurs paumes au maximum mais sans se toucher, puis même chose avec leurs bras, leurs jambes, leurs hanches et leurs épaules.

L'exercice de la bulle est un moyen amusant et efficace pour favoriser la conscience des limites du corps et pour développer l'autorégulation. C'est aussi un formidable prélude au jeu que nous appelons Tic-tac, version du Pendule adaptée aux jeunes enfants.

Tic-tac

Dans cet exercice, les enfants sont assis sur un coussin ou sur une chaise, les yeux fermés ou fixés sur un objet, une pierre ou un tambour, par exemple. Commencez par un large balancement de gauche à droite pour leur faire prendre conscience du déplacement de leur corps dans

> l'espace. À partir d'une position assise, droite, les enfants se balancent lentement vers la droite (en gardant le postérieur fermement sur le coussin), puis reviennent lentement vers le centre, avant de se balancer vers la gauche. Avec de jeunes enfants, il est bon de limiter le temps de balancement et de réguler le rythme. On peut fixer ce rythme en frappant un tambour ou en jouant de la guitare, du tympanon ou n'importe quel autre instrument à cordes, et en demandant aux enfants de se balancer sur cette phrase : « Tic-tac, comme une horloge, jusqu'à trouver notre centre » ; à droite sur le mot *Tic*, à gauche sur *tac*, à droite sur *comme une horloge*, à gauche sur *jusqu'à trouver*, puis retour à une sensation viscérale du centre sur *notre centre*.

J'utilise aussi le mouvement pour faciliter la transition d'une activité à une autre. Après un jeu de pleine conscience, je demande aux enfants de se lever au ralenti, en prêtant attention à chaque mouvement. Je les encourage à remarquer comment leur poids se déplace ; comment bougent leurs bras, leurs jambes et leur tête ; comment ils se sentent dans leur corps, en laissant de côté leurs pensées pour le moment. Puis je leur suggère de faire la même chose en sens inverse, de la position debout vers la position assise, en prêtant attention aux sensations du mouvement dans leur corps, à la façon dont ces sensations évoluent, changent et se transforment en quelque chose de complètement différent et d'inattendu. Quand on pratique ainsi, on ne fait rien de particulier avec son corps. On se laisse porter et on remarque ce qui se passe naturellement.

Qu'on soit en mouvement, assis ou couché, pratiquer la pleine conscience de sa respiration – seul ou en famille – est un plaisir et peut se faire à n'importe quelle heure du jour ou de la nuit. Il n'est pas nécessaire d'être assis en position du lotus pour méditer, même si c'est ainsi qu'on nous montre des gens superbes dans les magazines sur papier glacé, les publicités télévisées ou les films. Vos enfants et vous pouvez très bien méditer assis sur une chaise ou sur un coussin, ou en allant et venant dans un couloir. Soyez inspirés par cette image classique venant des sublimes paysages tibétains : *Corps comme une montagne ; souffle comme le vent ; esprit comme le ciel.*

La pleine conscience ensemble : découvrez l'espace de paix qui est déjà en vous

Beaucoup des activités de pleine conscience que je pratique avec les enfants sont dérivées des pratiques classiques de conscience de la respiration pour adultes. Mais il y a beaucoup d'autres pratiques classiques qui peuvent également être adaptées pour les enfants et adolescents. L'une d'elles nous guide pour nous ouvrir à l'expérience de l'instant présent et pour découvrir le lieu paisible qui existe en chacun de nous. La voici :

Asseyez-vous confortablement sur votre chaise et posez les mains sur les genoux, les pieds à plat sur le sol, le dos droit, le menton rentré, les yeux regardant doucement vers le bas ou fermés, selon ce qui est le plus confortable. Passez brièvement votre corps en revue, et si vous remarquez un inconfort physique, ajustez votre position pour être plus à l'aise. Si vous n'arrivez pas à être à l'aise quand vous vous tenez droit, couchez-vous sur le dos les yeux fermés ou baissés vers votre poitrine. Dès que vous vous sentez aussi à l'aise que possible, tournez votre attention vers le mouvement du souffle à travers votre corps et installez-vous dans la sensation physique de la respiration pendant quelques instants. Une fois votre corps détendu, tournez votre attention vers votre esprit.

Parfois, nous avons l'impression que notre esprit est prisonnier de notre corps, mais ce n'est pas vrai ; quand nous méditons, il peut être aussi ouvert que l'espace. Et partout où nous chercherons notre esprit

– dans les jambes, les doigts, l'estomac, le cœur – nous le trouverons, parce que la nature de l'esprit est d'être partout et nulle part à la fois.

Si cette façon d'envisager l'esprit ne vous dit rien, il existe d'autres manières, plus concrètes, de le visualiser. On peut le voir comme une force de la nature, comme le ciel, un océan ou une rivière. Représentez-vous le ciel à la fin d'un après-midi d'été, peu avant le coucher du soleil, un jour sans nuage. Quand vous contemplez l'immense étendue du ciel, vous voyez le soleil et toute une palette de couleurs : rose, orange, bleu, violet. L'esprit dans son état naturel peut ressembler un peu à cela.

Quand nous levons les yeux et voyons le ciel, nous savons qu'il est là, et nous comprenons ce que c'est. Mais nous ne pouvons le toucher. Nous ne pouvons pas non plus le situer précisément. Nous ne parvenons pas toujours à conceptualiser une force de la nature, ou à la subdiviser en ses différents éléments. Comme l'écrit Alan Watts dans *The Watercourse Way* : « Il n'y a aucune façon de mettre un cours d'eau dans un seau ou le vent dans un sac[18]. » Comme les rivières, le vent et le ciel, l'esprit est aussi une manifestation de la nature et ne peut être séparé du tout. On ne le trouve à aucun endroit précis. Il n'est pas enfermé dans notre cœur ou notre tête. Il ne commence pas à un point pour s'arrêter à un autre. Voici un moyen de commencer une méditation en s'appuyant sur ces images :

Nous sommes détendus dans notre corps, Nous sommes détendus dans notre esprit, et sans faire d'effort particulier ni sans attendre quoi que ce soit, laissons notre esprit se calmer. Laissons notre esprit s'ouvrir, s'étendre, riche de couleurs, comme un ciel d'été à l'heure du coucher du soleil. Nous offrons à notre corps et à notre esprit une occasion de se reposer dans leur état naturel.

*J'aimerais être malin.
J'aimerais avoir une famille sympa
J'aimerais que ma maman soit heureuse
J'aimerais que ma famille soit heureuse
J'aimerais que ma famille voyage
J'aimerais que ma famille et moi
nous puissions être heureux*

Un élève de sixième

4
L'attention, ça s'apprend

La première fois que Jessica est entrée dans mon bureau, elle s'est assise sur un coussin en position du lotus, les jambes entrecroisées comme un bretzel. Elle avait les yeux fermés, les paumes tournées vers le ciel, le pouce et le majeur se touchant selon le geste classique appelé « mudra ». La position du lotus et le mudra apparaissent souvent à la télévision et dans les magazines, mais ils sont difficiles à tenir, et ils détournent beaucoup d'enfants de la pleine conscience de leur respiration. Je me suis assise par terre à côté d'elle et je lui ai suggéré de se concentrer sur la sensation du mouvement de son souffle, à l'exclusion de toute autre chose. J'ai senti qu'elle avait l'esprit ailleurs et je lui ai demandé : « Où est ton attention ? Sur quoi te concentres-tu *en ce moment* ? » Jessica a réfléchi une seconde et m'a répondu qu'elle pensait à garder ensemble son pouce et son majeur. Elle prêtait attention à sa position, ce qui n'était ni mieux ni pire que de prêter attention à son souffle, pourvu qu'elle en soit consciente. Nous sommes donc passées de la conscience du souffle à la métaconscience et avons commencé notre première leçon sur l'art de prêter attention, comment et à quoi.

L'ATTENTION N'EST PAS CE QUE VOUS CROYEZ

Vous rappelez-vous la dernière fois que vous avez pris conscience de quelque chose, avant de mettre des mots sur le concept ? C'était peut-être quand vous avez compris que quelqu'un s'approchait de vous mais sans trop savoir qui, ou quand une évidence vous a frappé mais sans que vous puissiez verbaliser l'idée. Les enfants habitent cet espace mental la plupart du temps. Il y a une clarté remarquable dans ces brefs moments de conscience non verbale et non réactive, ainsi qu'une sensation de stupeur, de possible et de mystère qu'il est difficile de mettre en mots. Ces impressions verbales, appelées « attention pure », sont éthiquement neutres[19] ou, pour employer le lexique de la réduction du stress selon Jon Kabbat-Zin, sans jugement[20], mais elles peuvent néanmoins entraîner une évolution positive dans la perspective d'un enfant. Par la formation et la pratique, on peut apprendre à étendre ces impressions brèves et neutres plus longtemps qu'un instant passager et à les assembler jusqu'à ce qu'elles créent une capacité à entretenir des périodes de conscience non réactive de plus en plus longues. Grâce à cette perspective, on apprend à se détendre et à sentir ce qui arrive quand cela arrive, sans y réagir. Cette perspective consciente est claire et curieuse, libre de ces notions préconçues qui nous dictent souvent notre conduite.

Tout comme il faut apprendre à marcher avant de pouvoir courir, et additionner avant de résoudre des problèmes d'algèbre, cette faculté d'attention s'accroît avec le temps et avec l'entraînement. De solides et stables facultés d'attention viennent parfois naturellement, mais pas toujours, et dans les écoles où il est nécessaire de rester concentré pour réussir, une attention insuffisamment développée peut être un énorme obstacle. Dans ces environnements fixés sur un objectif, il n'y a pratiquement pas de place pour ceux dont l'attention a encore besoin de se développer. Gene Lushtak, professeur de pleine conscience dont j'ai suivi les cours pendant un an à Los Angeles, avouait lors d'un colloque sur la pleine conscience et l'éducation : « Quand j'étais enfant, les adultes me disaient toujours de faire attention. J'avais beau essayer, je n'y arrivais pas. Je ne comprenais pas, jusqu'au jour où je me suis mis moi-même à travailler avec des enfants et où je me suis rendu compte qu'on ne leur apprend pas comment faire ! Pas étonnant que j'aie eu autant de difficultés quand j'étais enfant. »

Enseigner aux enfants à prêter attention est important, mais envisageons d'abord la grande question qu'on néglige souvent : quand nous disons aux enfants de faire attention, que leur demandons-nous exactement ? Leur demandons-nous de se concentrer sur une chose à l'exception de tout le reste ? Ou demandons-nous aux enfants plusieurs choses à la fois, peut-être une pensée, une émotion et une sensation physique ? Ou voudrions-nous vraiment que leur attention aille et vienne d'une chose à une autre ? Dans son livre *Distracted*, Maggie Jackson évoque le Dr Leanne Tamm, professeur assistant en psychiatrie au Southwestern Medical Center de l'université du Texas, explique que, lorsqu'on parle d'attention aux enfants, « l'un des points les plus critiques est de leur fournir un langage commun pour ce que faire attention signifie [21] ». Pour cela, nous devons nous-mêmes mieux comprendre qu'il existe différents types d'attention. Alors nous serons équipés pour les instruire.

Commençons par adopter le point de vue de deux disciplines très rigoureuses, consacrées à l'étude de l'esprit : la pratique contemplative et le domaine plus récent des neurosciences.

Dans le domaine de la recherche sur l'attention, le Dr Michael Posner est une superstar. Il a passé toute sa carrière à étudier l'attention, et même si tous les savants ne sont pas d'accord avec son interprétation du fonctionnement de l'attention[22], nul ne peut nier son influence dans ce champ ou l'énorme impact qu'il a eu sur son évolution. Dans *Distracted*, Maggie Jackson écrit : « En nous donnant le cadre et les outils pour décoder l'énigme de l'attention, Posner nous a donné les moyens de nous comprendre et de nous modeler[23]. » Ce que nous concevons comme « l'attention » est, selon Posner, un système complexe composé de trois réseaux primaires d'attention[24], chacun étant formé par l'expérience et pouvant être renforcé par l'entraînement[25]. Il y a :

* le réseau d'alerte, grâce auquel nous conservons un état mental prêt à traiter l'information efficacement ;
* le réseau d'orientation, qui dirige notre attention vers les événements sensoriels ;
* et le réseau exécutif, central pour la régulation des émotions et des cognitions (la pensée). Le réseau exécutif, parfois appelé « fonction exécutive », permet à un enfant de maîtriser consciemment son comportement et de résoudre les conflits[26].

Dans leur article paru en 2007 sur les fondations théoriques de la pleine conscience et ses effets salutaires, les professeurs Kirk Warren Brown, Richard M. Ryan et J. David Creswell notent que, selon toutes les recherches, la pleine conscience pourrait être liée à ces trois réseaux primaires d'attention[27].

De remarquables avancées dans les technologies de neuro-imagerie ont permis à Posner de réaliser un travail innovant en étudiant l'attention, de l'extérieur, grâce à l'IRMf (imagerie par résonance magnétique fonctionnelle) qui permet de capter des images du cerveau humain en pleine activité. De son côté, le Dr Alan Wallace étudiait l'attention de l'intérieur, par une pratique classique de méditation appelée *shamatha*. Le but du *shamatha* est d'atteindre un fort degré d'équilibre de l'attention par une formation en dix étapes consécutives. Dans son livre *The Attention Revolution*, Wallace écrit : « Les étapes commencent par un esprit incapable de se concentrer plus de quelques secondes et culminent avec un état sublime de stabilité éveillée qui peut être maintenu pendant des heures[28]. » La pleine conscience de la respiration a des avantages substantiels, outre la stabilité de l'attention, mais pour jouir de ces bienfaits, il faut d'abord acquérir une solide faculté d'attention. Wallace aime citer William James, philosophe américain et pionnier de la psychologie moderne : « La capacité à ramener volontairement une attention qui s'égare, encore et encore, est la base même du jugement, du caractère et de la volonté[29]. » Le goût de Wallace pour la formation classique de l'attention éclate dans chaque conversation, lorsqu'il décrit l'attention comme douce, profonde, comme l'essence même du caractère et de la personnalité.

Quand les enfants apprennent que leur cerveau change à chaque fois qu'ils tentent de maintenir leur attention, ils commencent à établir des relations entre l'effort et le résultat. S'ils jouent toute la journée à des jeux vidéo et sautent le cours de maths, leurs notes risquent de dégringoler. S'ils aident à la maison ou à l'école, leurs amis et leur famille ont plus de chances d'avoir des réactions positives. En établissant ces relations, les enfants comprennent mieux l'importance de bien choisir à quoi consacrer son temps et son attention. J'ai vu des changements spectaculaires se produire chez des enfants, surtout des adolescents, dès lors qu'ils comprennent qu'en *choisissant* comment faire attention, et à quoi, ils entraînent leur cerveau et le transforment d'une façon particulière. Comment et vers quoi les enfants décident de diriger leur attention, cela fait une énorme différence dans qui ils sont et ce qu'ils deviendront. Ce n'est pas un mince exploit que d'apprécier réellement cette donnée fondamentale de la vie (en tant qu'enfant ou en tant qu'adulte), et il est crucial de la faire comprendre aux enfants. J'ai vu des enfants comprendre leur propre faculté de transformer leur cerveau et leur destin. Dans la section suivante, je présente quelques façons de rendre la science de l'attention accessible aux enfants.

LE PREMIER TYPE D'ATTENTION : L'ATTENTION DIRECTE FOCALISÉE

Le premier type d'attention développé dans la pratique classique est l'attention non réactive dirigée vers un objet choisi, également appelée « attention directe focalisée ». Quand je la décris aux enfants, je la compare au tir à l'arc, sport dans lequel l'objet doit être atteint au moyen d'une flèche en visant au beau milieu de la cible. La flèche est l'attention, le centre de la cible est l'objet choisi par les enfants, qui peut être leur souffle, un livre ou un jeu. Les enfants visent et tirent de leur mieux. Tout comme avec une flèche et une cible, parfois ils manquent entièrement leur objectif, parfois ils mettent en plein dans le mille.

L'attention focalisée est liée à la fonction sélective, quand les enfants restreignent leur champ de conscience à un but spécifique. Wallace la décrit comme « le simple fait de pouvoir placer son esprit sur l'objet choisi de la méditation pendant ne serait-ce qu'une ou deux secondes[30] ». Comme au tir à l'arc, lorsqu'on entraîne son attention, atteindre ou manquer le centre métaphorique de la cible fait partie du processus d'apprentissage. Même si les enfants tirent complètement à côté au début, leurs compétences s'améliorent avec le temps, la pratique et la motivation.

Après avoir visé un objet, les enfants doivent s'efforcer de maintenir leur attention pendant une période plus ou moins longue. Cela signifie qu'ils doivent développer la capacité de contrôler leur concentration, détecter s'ils sont distraits, et, dans ce cas, rediriger leur attention vers l'objet initialement choisi. Dans la pleine conscience de la respiration, viser est relativement facile, mais maintenir son attention sur le souffle peut s'avérer difficile. Affiner son attention sur tout le circuit de la respiration depuis la pointe du nez, en passant par le corps, pour ressortir par les narines est une entreprise ambitieuse, quel que soit l'âge. Mais elle est particulièrement ambitieuse pour de jeunes enfants, et complètement inaccessible pour certains, à moins de commencer par une moitié plutôt que par une respiration entière (inhalation ou exhalation). Les instructions de base sont simples :

Viser et maintenir

On commence par l'inspiration : tu focalises ton attention sur la sensation du mouvement de l'air quand tu inspires et tu la maintiens jusqu'à la pause entre inspiration et expiration. Puis tu inverses le processus : tu vises la sensation du mouvement du souffle quand tu expires, et tu maintiens ton attention dessus jusqu'au bout de l'expiration. N'oublie pas de laisser ton corps se détendre et prête attention à la pause entre inspiration et expiration, puis, à nouveau, à la pause entre expiration et inspiration. Ne t'inquiète pas si tu te laisses distraire, tu peux toujours recommencer.

Avec de tout jeunes enfants, je pratique la conscience de la respiration de façon ludique, en soufflant sur des moulins à vent colorés et en les regardant tourner.

Les moulins à vent

Il existe plusieurs variantes de cet exercice, chacune soulignant une qualité spécifique du souffle. D'abord, on inspire profondément par le nez et on souffle sur le petit moulin à vent avec la bouche. On invite les enfants à prêter attention à ce que leur corps ressent pendant ces longues inspirations.
Dans une autre version, les enfants prennent une inspiration courte par le nez et émettent une expiration courte par la bouche pour faire à nouveau tourner le moulin à vent, en prêtant attention à ce que ressent leur corps. Il est amusant pour les enfants de regarder tourner les moulins à vent tout en observant ce qu'ils ressentent selon que la respiration est courte ou longue.

Après avoir pratiqué la conscience de la respiration en soufflant sur des moulins ou en restant assis pour sentir le mouvement de leur souffle, je demande aux enfants de décrire ce qui se passe dans leur esprit et dans leur corps. Ils peuvent le faire avec des mots et des images, et, avec le temps, les enfants m'ont dessiné toutes sortes de choses, des anges, des nuages, des étoiles. Une petite fille a écrit en bas de son dessin : « On dirait qu'on est avec les anges. » Un autre enfant a écrit : « Je fais un ange de neige dans les nuages » ; un troisième : « J'ai l'impression d'être un nuage dans le ciel. »

Durant une journée, les enfants pratiquent ce processus de focalisation et de maintien de l'attention à de nombreuses reprises, lorsqu'ils lisent un livre, lorsqu'ils écoutent de la musique ou s'adonnent à un sport, par exemple. Avec la pleine conscience, nous éclairons ce processus naturel, souvent automatique, afin de l'utiliser délibérément. Étant donné toute la gamme de souffrances, visions, sons, goûts, odeurs et autres sensations traitées à chaque instant par notre esprit, les enfants peuvent avoir du mal à rétrécir leur focalisation pour se concentrer sur une seule chose. Il faut énormément de discipline mentale pour choisir sagement un objet d'attention, exclure tout apport sensoriel périphérique, diriger son attention sur l'objet, l'y maintenir et l'affiner. Quel que soit l'âge, il peut être difficile de s'installer dans la conscience du souffle sans se laisser distraire. Mais il existe quelques techniques éprouvées qui aident à se poser, même les esprits les plus enclins à s'égarer. L'une d'elles consiste à mobiliser l'esprit en comptant les respirations. La pensée est rarement votre alliée lorsque vous pratiquez la méditation, mais compter les respirations est une exception à cette règle. Allan Wallace compare ce procédé aux petites roues qu'on ajoute aux bicyclettes des enfants[31]. Compter occupe l'esprit par une activité simple, qui permet de concentrer l'attention au prix d'un effort mental relativement faible. Il y a plusieurs manières de compter les respirations en pleine conscience. En voici quelques-unes que vous pouvez pratiquer chez vous :

Compter les respirations

* *Compter 1-1-1-1-1-1-1.* Quand vous inspirez, laissez votre corps se détendre. Quand vous expirez, comptez en silence un – un – un – un, jusqu'à ce que vos poumons se sentent vides. Recommencez en vous détendant lorsque vous inspirez et comptez en silence deux – deux – deux – deux, pendant que vous expirez. Recommencez encore en vous détendant lorsque vous inspirez et comptez en silence trois – trois – trois – trois, pendant toute l'expiration. Continuez cet exercice par groupe de trois respirations (en comptant 1 pendant la première exhalation, 2 pendant la deuxième, 3 pendant la troisième) jusqu'à ce que votre esprit s'apaise et que vous puissiez vous reposer sans compter dans la sensation physique de votre souffle.

* *Garder un chiffre en tête.* Une autre façon de compter les respirations est de penser au chiffre « un » et de le retenir dans votre esprit pendant que vous expirez. Détendez-vous en inhalant, et pensez au chiffre « un » quand vous expirez, gardez-le en tête pendant toute l'expiration. Autrement dit, étirez silencieusement le mot « un » du début de l'exhalation jusqu'à la fin. Avec la seconde respiration, détendez-vous à nouveau quand vous inspirez, et gardez en tête le chiffre « deux » pendant toute l'exhalation, jusqu'à ce que vos poumons se sentent vides. Recommencez, détendez-vous à nouveau pendant l'inspiration et gardez en tête le chiffre « trois » pendant toute l'expiration. Répétez cette série de trois respirations jusqu'à ce que votre esprit s'apaise et que vous puissiez vous reposer sans compter dans la sensation physique de votre souffle.

* *Compter de un à dix pendant l'exhalation.* Pour les enfants plus âgés, les adolescents et les adultes, il peut être bon de compter

de un à dix durant l'exhalation (il faut compter très vite). Là encore, détendez-vous en inspirant et comptez de un à dix en expirant. Recommencez jusqu'à ce que votre esprit s'apaise et que vous puissiez vous reposer sans compter dans la sensation physique de votre souffle. Certaines personnes trouvent que compter de un à dix favorise la pensée mieux que d'autres méthodes. D'autres pensent le contraire. C'est pourquoi il est important que chaque enfant essaye différentes manières de compter pour voir lesquelles peuvent l'aider.

Face à ces méthodes, les gens ne réagissent pas tous de la même manière ni au même moment, et j'encourage tout le monde à essayer les trois. Compter jusqu'à dix fonctionne pour les uns ; répéter silencieusement « un » fonctionne pour les autres. Attention à ceux qui retiennent leur souffle ou s'immiscent dans leur respiration normale tout en comptant. Dans cette pratique, la vitesse à laquelle les enfants comptent ne doit pas affecter le rythme de leur respiration. Le souffle dicte son rythme au comptage, et non l'inverse. Veillez également à ce que les enfants ne tendent pas leurs muscles pendant cet exercice, dans leur volonté de rester concentrés. Il faut être physiquement et mentalement à l'aise lorsqu'on pratique la conscience de la respiration. Si les enfants sont tendus et raides, cela ne les aide guère à se concentrer. Le but est d'être à la fois concentré et détendu dans le corps comme dans l'esprit.

Compter les respirations est un peu difficile pour de tout jeunes enfants, mais, par chance, il existe des moyens faciles de développer la conscience de la respiration, adaptés à tous les âges, même pour des enfants de quatre ans. L'un d'eux est un jeu qu'on peut pratiquer avec un enfant ou plus, appelé le Son dans l'espace. Le but est de s'installer dans la sensation du souffle avant d'écouter un son. Quand le son cesse, les enfants lèvent les mains. Avec de très jeunes enfants, je commence par donner un exemple en faisant sonner une cloche puis en l'arrêtant, pour qu'il sache à quoi ressemble le début et la fin du son.

Le jeu du son dans l'espace

Pour commencer, placez une pierre lisse, grande comme la paume d'un enfant, devant chaque personne du groupe. Je les appelle « pierres de focalisation » et j'invite les enfants à utiliser des feutres pour les décorer de mots significatifs, par exemple *calme, gentil, heureux, joie, concentré, paix, sécurité* et *santé*. Pour de jeunes enfants qui savent lire mais pas encore très bien écrire, j'écris moi-même les mots sur les pierres. Les enfants de tous âges peuvent décorer les pierres avec des dessins ou des autocollants (les pierres de focalisation peuvent être source de distraction et de danger pour de très jeunes enfants, il vaut donc mieux éviter de les utiliser avec eux).

Ensuite, la main sur le ventre pour sentir le mouvement du souffle dans le corps, guidez les enfants dans la séquence suivante : « Vous respirez avec la main sur le ventre, vous regardez votre pierre de focalisation et vous écoutez le son de la cloche. » Vous faites sonner la cloche et vous rappelez aux enfants qu'ils doivent écouter le son diminuer, diminuer, diminuer. C'est uniquement lorsque le son s'éteint complètement qu'ils doivent lever la main. Je répète cette activité trois fois, ou jusqu'à ce que les enfants s'ennuient et s'agitent. En l'espace d'une seule séance, les parents remarquent souvent que l'intérêt et la capacité d'attention de leur enfant augmente à chaque répétition du jeu.

Pour le rendre plus intéressant, demandez aux enfants où va le son avant de disparaître. Ils vous offriront des réponses très imaginatives et très réfléchies.

128 – *Un cœur tranquille et sage*

ON PEUT FAÇONNER SON CERVEAU

Pour enseigner la pleine conscience aux enfants, il est bon de savoir comment fonctionne le cerveau. Le cerveau est malléable, comme du plastique, et il est modelé par les expériences répétées, internes et externes, comme lire, entendre une langue nouvelle ou apprendre une nouvelle compétence motrice. Plus nous pratiquons des activités spécifiques, plus les régions du cerveau responsables de ces tâches s'organisent et deviennent fonctionnellement « saines ». Et plus nous sommes jeunes, plus elles changent rapidement. C'est l'une des raisons pour lesquelles l'expérience de la petite enfance est importante pour le développement du cerveau ; il est crucial que les enfants vivent des expériences cohérentes, prévisibles et enrichissantes, afin qu'ils développent des capacités neurobiologiques pour la santé, le bonheur, la productivité et la créativité.

La *neuroplasticité*, le fait que la structure physique et cellulaire du cerveau puisse changer, signifie que notre cerveau s'adapte en réponse au vécu interne et externe. La *neuroplasticité autodirigée*, formule conçue par le Dr Jeffrey Schwartz, chercheur et psychiatre à UCLA, est le processus par lequel nous pouvons délibérément provoquer ces adaptations en utilisant notre esprit pour changer notre cerveau. Scientifique et clinicien, Schwartz pratique également la pleine conscience et étudie les textes contemplatifs classiques depuis plus de trente ans.

Schwartz est l'un des premiers à avoir appliqué la pleine conscience dans un contexte clinique, de manière authentique et cohérente avec la pratique classique. Partant de la formation initialement destinée aux moines, il a traduit la pleine conscience en un traitement efficace pour les personnes souffrant de troubles obsessionnels compulsifs (TOC). Son travail de pionnier a aidé d'innombrables victimes des TOC. Les TOC sont causés par un déséquilibre biochimique du cerveau, qui suscite constamment des pensées douloureuses et pousse les patients à adopter des comportements répétitifs et compulsifs pour éviter une catastrophe imaginaire. Ils sont souvent préoccupés par des tâches répétitives (laver, nettoyer, compter, vérifier) qui finissent par perturber leur existence[32]. Grâce à une formation à la pleine conscience, les personnes atteintes de TOC reconnaissent que les messages intrusifs qui inondent leur esprit peuvent être mensongers, et le traitement de Schwartz leur fournit des outils spécifiques pour mieux gérer ces pensées dérangeantes.

Dans la recherche menée sur le programme de Schwartz, l'imagerie cérébrale a constaté les améliorations signalées par les patients. De plus, Schwartz et ses collègues ont appris par la scintigraphie cérébrale que non seulement le cerveau change en relation avec les améliorations survenues dans le fonctionnement de ses patients, mais aussi qu'une attention soutenue, accordée à quoi que ce soit, crée un état qui déclenche la neuroplasticité autodirigée, pas seulement pour les victimes de TOC mais aussi pour tout adulte. Son travail a montré qu'un effort de volonté peut transformer physiquement le cerveau. L'étude de Schwartz fut la première d'un corpus de recherche aujourd'hui en plein essor qui relie l'intentionnalité aux modifications du fonctionnement et de la structure du cerveau. Mettant l'accent sur l'effort délibéré et non sur le résultat, cette recherche pourrait avoir des applications essentielles pour les enfants, surtout ceux qui souffrent d'un déficit d'attention. Il est important d'initier en douceur les enfants à la pleine conscience, mais imaginez s'il était possible d'aider un enfant à acquérir une faculté stable d'attention rien qu'en l'encourageant, de manière amusante et ludique, à essayer de prêter attention encore et encore.

On peut concevoir le cerveau comme un jeu tridimensionnel de points à relier, chaque point étant un neurone (une cellule du cerveau) et les lignes reliant les points étant une voie neuronale. Les lignes unissant les neurones entre eux sont forgées et renforcées par le vécu. On peut aussi imaginer les voies neuronales comme des muscles et le vécu comme un exercice physique. Tout comme les muscles deviennent plus forts quand on soulève des poids, l'exercice fortifie les voies neuronales. Voici comment je décris le processus aux enfants :

La neuroplasticité expliquée aux enfants

Notre cerveau change tout le temps. Votre cerveau change en ce moment quand vous lisez ce paragraphe et le mien change alors que je l'écris. Quand nous voyons, entendons, touchons ou sentons quelque chose, des impulsions électriques émanent d'un neurone (une cellule du cerveau) vers un autre. Différentes parties du cerveau communiquent quand un neurone lance une impulsion électrique vers un autre neurone en empruntant un chemin appelé « voie neuronale ». Chaque neurone a en moyenne dix mille voies neuronales le reliant aux autres neurones. Les signaux envoyés par les neurones créent des voies neuronales dans le cerveau, et c'est ainsi qu'un cerveau change avec le temps. Quand un neurone lance une impulsion, celle-ci peut avoir un impact sur des milliers d'autres neurones situés dans différentes parties du cerveau. Imaginez que vous parcourez un chemin dans l'herbe. Plus vous marchez sur ce chemin, plus il devient plat et large, et plus il devient facile d'y marcher. C'est ce qui se passe quand les neurones empruntent un chemin quantité de fois. De même, chaque fois que vous jouez de

L'ATTENTION, ÇA S'APPREND

> la guitare, par exemple, les neurones empruntent une voie de votre cerveau, et plus vous jouez, plus cette voie s'élargit. À mesure que la voie neuronale se fortifie, votre capacité à jouer de la guitare s'améliore, c'est pourquoi, avec la pratique, on joue plus facilement des accords et des gammes. Voilà en quoi consiste la neuroplasticité autodirigée, le fait d'utiliser votre esprit pour changer votre cerveau.

DEUXIÈME TYPE D'ATTENTION : LA CONSCIENCE OUVERTE ET RÉCEPTIVE

La concentration est importante, mais il y a des moments où l'on a besoin de garder une attention ouverte et réceptive, comme lorsqu'on conduit une voiture. L'automobiliste doit avant tout se focaliser sur la route, mais s'il ne prête attention qu'à ce qu'il y a devant lui, sans regarder dans son rétroviseur, il risque d'avoir de gros ennuis. Il doit aussi surveiller les piétons sur le trottoir, les poubelles sur le bord de la route et les voitures dans la voie opposée. Les parents doivent garder un œil sur les enfants assis à l'arrière. Les automobilistes incluent tout dans leur conscience large et ouverte, mais ils restent avant tout focalisés sur ce qui est le plus important, qui varie d'un instant à l'autre.

Quand ils pratiquent l'attention ouverte et réceptive, les enfants adoptent une attitude impartiale et réceptive en supervisant ce qui va et vient dans le large champ de leur conscience. Une de mes élèves a appris qu'elle avait besoin de développer sa capacité d'attention ouverte et réceptive. Elle avait d'excellents résultats en classe et avait d'extraordinaires capacités de concentration, mais lorsqu'elle prit des leçons de conduite, elle découvrit qu'elle devait élargir sa faculté d'attention. En conduisant, elle se focalisait tellement sur ce qu'elle regardait qu'elle dirigeait malgré elle la voiture droit dessus. Sans s'en rendre compte, elle fonçait vers une boîte aux lettres, du mauvais côté de la rue, ou sur un piéton, expérience terrifiante pour tous les intéressés. C'est un problème courant, appelé « fixation sur la cible » et, comme le note Trudy Goodman, professeur de méditation, il illustre l'enseignement classique selon lequel « l'esprit tend vers ce à quoi nous prêtons attention ». Mon élève décida qu'il était temps de se former à la pleine conscience.

La conscience au volant

Sur une étagère basse de mon bureau, j'ai accroché plusieurs fils, auxquels pendent cinq drapeaux tibétains, des carrés colorés de cinq centimètres de côté. Je les ai disposés comme une sorte de patchwork. J'en achète tous les ans dans une vente de charité, et avec le temps ma collection grandit. J'utilise ces drapeaux pour aider les enfants à élargir leur champ d'attention. Pour cet exercice, on peut utiliser n'importe quel objet à motifs : un tissu à carreaux, un pull à motifs, une peinture. J'ai demandé à la jeune fille qui apprenait à conduire de s'asseoir par terre à environ deux mètres des drapeaux et de se concentrer sur la sensation de sa respiration qui se déplace à travers son corps, à l'exclusion de toute autre chose. Une fois son attention stabilisée, ce qui s'est fait très vite grâce à ses facultés de concentration, je l'ai invitée à regarder un seul des drapeaux au milieu du patchwork et à se focaliser dessus. Je lui ai ensuite demandé d'étendre sa vision pour inclure un ou deux autres drapeaux, puis d'en ajouter quelques-uns encore, jusqu'à ce que peu à peu tous les drapeaux soient dans son champ de vision, alors même que sa focalisation première restait sur le drapeau initial, au centre. Puis je lui ai demandé d'inclure tout ce qu'elle sentait à ce moment : les sons, les odeurs, les sensations physiques. Ensemble, nous avons étendu sa conscience depuis les drapeaux jusqu'à tout ce qu'il y avait dans la pièce, puis à nos sensations physiques, à nos pensées et à nos émotions. Nous sommes restées ainsi dans le calme, jusqu'à ce qu'autre chose vienne nous distraire, après quoi nous avons entièrement recommencé l'exercice.

Un autre jeu qui permet d'élargir le spectre de l'attention est Passe la tasse, dans lequel on fait passer une tasse remplie d'eau entre deux ou plusieurs personnes.

Passe la tasse

Les participants sont assis en cercle ou face à face, avec une tasse en plastique aux trois quarts remplie d'eau posée à terre entre eux. Une personne ramasse la tasse et la passe lentement à la personne suivante, et la tasse fait le tour du cercle. Le but est de prêter attention aux sons ou aux sensations physiques indiquant votre tour de recevoir la tasse. Quand l'eau a fait tout le tour du cercle dans un sens, on change de sens et la tasse repart lentement en direction opposée.

On répète le jeu, mais cette fois les participants *gardent les yeux fermés*. Cela peut d'abord sembler difficile, mais c'est possible, et cela rend le jeu bien plus amusant. Pour des enfants plus grands et des adolescents, on peut renforcer le défi en faisant passer simultanément plusieurs tasses, ce qui exige de tous un plus haut degré de concentration et d'attention. Après l'activité, les enfants discutent des différences entre le jeu yeux ouverts et le jeu yeux fermés, et les indices non visuels qui leur ont permis de savoir où était la tasse. Il s'agit

134 – *Un cœur tranquille et sage*

> de remarquer les sons dans la pièce, et d'où ils viennent quand l'eau circule. Par exemple, si vous entendez un bruit d'étoffe près de vous, vous pouvez être à peu près sûr qu'on vous passera bientôt la tasse, ou si la personne qui a l'eau rit de l'autre côté du cercle, cela indique que vous ne risquez pas de l'avoir tout de suite. La tâche des facilitateurs est de produire discrètement des sons ou des commentaires qui aident les participants à localiser la ou les tasses.

Une conscience ouverte et réceptive est différente de la concentration focalisée, non seulement en ce qui concerne l'ampleur du champ d'attention, mais aussi dans son approche de la distraction. Lorsqu'on pratique l'attention directe concentrée, tout ce qui vient à l'esprit des enfants en dehors de l'objet d'attention choisi est considéré comme une distraction, qu'elle soit agréable (leur maman annonçant le dîner) ou désagréable (la cloche qui sonne la fin de la classe alors qu'ils n'ont pas terminé leur devoir de maths). Ainsi, quand les enfants reconnaissent qu'ils sont distraits, ils identifient la distraction, la mettent de côté et reviennent à l'objet d'attention choisi. Au contraire, avec la conscience réceptive, les enfants ne se détournent pas toujours des événements physiques et mentaux qui peuvent les distraire : ils les incluent plutôt dans leur domaine d'attention.

TROISIÈME TYPE D'ATTENTION : PRÉVISION, ORGANISATION ET AUTORÉGULATION

La fonction exécutive du cerveau est comparable au rôle d'un chef d'orchestre. Le chef doit coordonner et faire fusionner les nombreuses voix spécifiques et les différents instruments afin de créer un morceau de musique, indiquer leur départ aux musiciens, donner le rythme et déterminer le ton de la pièce. Pour bien faire son travail, un chef d'orchestre doit avoir un don musical, mais aussi le vécu et la formation nécessaire pour anticiper les événements imprévus et pour y réagir. Ces compétences sont intrinsèques à la fonction exécutive.

La fonction exécutive requiert la capacité de mobiliser et d'organiser les facultés d'attention, de mémoire, d'inhibition et d'autorégulation que le cerveau emploie pour réagir à la situation en cours, ainsi que toutes les émotions ressenties lors de la réaction. Les principales compétences incluent :

* le contrôle inhibitoire qui permet aux enfants de résister à la tentation ou à la distraction ;
* une mémoire active qui permet aux enfants de se rappeler et d'utiliser les informations ;
* une souplesse cognitive qui permet aux enfants de déplacer leur attention d'un objet vers un autre et d'envisager le vécu sous différents angles.

Posner utilise le jeu « Jacques a dit » comme exemple de fonction exécutive à l'œuvre[33]. Quand le meneur de jeu dit « Jacques a dit, posez la main sur la tête » et pose lui-même la main sur la tête, les joueurs suivent aisément cette instruction. Et quand le meneur de jeu dit « Jacques a dit, sautez sur un pied », tout le monde saute sur un pied. Mais quand le meneur ne dit pas « Jacques a dit », vous n'êtes pas censés faire ce qu'il dit, même s'il le fait lui-même. Quand les enfants l'entendent dire « Mettez la main sur vos orteils » et le voient se pencher pour toucher ses orteils, il se produit un conflit cognitif entre ce qu'ils entendent et ce qu'ils voient. Posner explique qu'en recevant des instructions d'une source (*verbale*) et des instructions inhibantes d'une autre source (*visuelle*) le réseau exécutif d'attention est sollicité pour faire le tri entre les messages contradictoires.

« Jacques a dit »

Ce jeu est un formidable moyen de pratiquer la pleine conscience (en prêtant attention à notre expérience externe, aux autres en l'occurrence), et c'est un outil amusant de gestion d'une classe.

Les travaux de plus en plus nombreux du Centre de recherche sur la pleine conscience (MARC) du Semel Institute d'UCLA suggèrent que la pratique de la pleine conscience est associée au développement du réseau exécutif chez les adolescents et chez l'enfant dès l'âge de quatre ans. J'ai participé à trois contrôles randomisés sous la direction générale du Dr Sue Smalley, leur directrice de recherche sur l'éducation. Le Dr Lisa Flook, alors postdoctorante, dirigeait l'équipe des chercheurs. Sur une période de trois ans, nous avons fait cours à 160 enfants âgés de quatre à neuf ans, dans trois écoles différentes, et dans neuf classes distinctes, dans l'agglomération de Los Angeles.

Le programme Inner Kids était dispensé dans les trois études. Il examine la pleine conscience classique de la respiration en utilisant des jeux et des activités que j'ai adaptés à de jeunes enfants, à partir de pratiques initialement destinées aux adultes. La première étude a eu lieu au cours de l'année scolaire 2006-2007 et était conçue comme une étude de faisabilité pour des enfants de moins de cinq ans. La deuxième, durant l'année scolaire 2007-2008, fut réalisée dans classes de CE1 et CE2, et la troisième portait sur des enfants de moins de cinq ans, durant l'année 2008-2009. À chaque fois, je dispensais une demi-heure de cours de pleine conscience deux fois par semaine, pendant huit semaines consécutives.

La première étude de faisabilité sur 44 tout jeunes enfants a prouvé que, même à quatre ans, on peut participer avec succès à un groupe de méditation en pleine conscience[34], contrairement à l'idée selon laquelle ces enfants en seraient incapables parce que insuffisamment développés. Par les rapports des parents et des enseignants, la deuxième étude, portant sur des élèves de CE1 et CE2, a montré une amélioration significative chez ceux qui souffraient de déficit de la fonction exécutive. Les domaines concernés étaient la régulation du comportement, la métacognition (réflexion sur la réflexion), la fonction exécutive dans son ensemble et certains aspects spécifiques de la fonction exécutive. Parents et enseignants ont signalé un progrès dans la capacité des enfants à déplacer, à susciter et à contrôler leur attention[35]. C'est logique puisque ces compétences sont la base des pratiques de conscience de la respiration, qui apprennent aux enfants à focaliser leur attention sur la sensation du mouvement du souffle (susciter), à remarquer quand leur attention s'égare (contrôler), puis à ramener leur attention sur la sensation du souffle (déplacer)[36]. Les Dr Smalley et Flook concluaient :

> Ces premiers résultats suggèrent que la pleine conscience introduite dans un cadre d'éducation générale est particulièrement utile aux enfants ayant des troubles de la fonction exécutive. Les enfants qui avaient une fonction exécutive moindre avant la formation à la pleine conscience ont manifesté une fonction exécutive moyenne après la formation[37].

Dans la troisième étude, portant sur des enfants très jeunes, les rapports des enseignants montraient également un effet très net, mais cette fois pour tous les élèves, et pas seulement sur ceux qui souffraient d'un déficit de la fonction exécutive. Les enfants qui ont suivi le cours de pleine conscience montraient une fonction exécutive accrue, en particulier leur mémoire active, ainsi que des compétences en matière de prévision et d'organisation. Comme l'étude avait pour cadre une école, les enseignants ne pouvaient pas réagir en aveugle (ils savaient qui suivait le cours de pleine conscience et qui ne le suivait pas) ; on ne pouvait donc pas exclure la possibilité d'un manque d'impartialité. Pourtant, aucun indice ne va dans ce sens et, étant donné leur rôle dans la vie des enfants, les enseignants sont exceptionnellement bien placés pour évaluer les compétences de leurs élèves en matière de fonctionnement exécutif.

Les trois études sont favorables à l'introduction de pratiques de pleine conscience dans un cadre scolaire, en montrant qu'elles peuvent être agréables pour les enfants et ont un impact positif sur leur métacognition naissance (leur capacité à réfléchir sur leur façon de réfléchir), leur autorégulation et leur contrôle exécutif d'ensemble. La recherche sur l'effet de la pleine conscience chez les jeunes enfants en est à ses balbutiements et il faut être prudent face à ces résultats. Ils sont néanmoins intéressants et il y a des raisons d'être optimiste : des études à venir, centrées sur la pratique de la pleine conscience avec les enfants et leur famille montreront sans doute les mêmes avantages.

Le Dr Smalley est généticienne et elle désire changer notre conception de l'hyperactivité, qu'il ne faut pas voir comme un « trouble médical » mais comme une caractéristique humaine qui, tant en posant des problèmes, a aussi des atouts[38]. En étudiant la pleine conscience dans l'éducation, son but était de mieux comprendre le rôle de la pleine conscience dans le développement de la fonction exécutive (problème courant des hyperactifs), en se focalisant sur les adolescents et les adultes souffrant de problèmes d'attention. Smalley et sa collègue, la psychiatre Lidia Zylowska, ont conçu un programme de pleine conscience qui accueille les hyperactifs et ont évalué la faisabilité de leur projet grâce à une étude pilote. La majorité des participants ont poursuivi ce programme et l'ont jugé utile (ce n'est pas rien pour des adolescents) tout en signalant une amélioration de leurs symptômes. Sans groupe-contrôle, ils n'ont pu tirer que des conclusions limitées, mais les résultats sont encourageants quant aux bienfaits de la pleine conscience pour certains aspects de l'attention qui sont compromis chez les hyperactifs[39].

Les avancées de la neuroscience, de la génétique et les applications profanes de la méditation permettront de définir et d'affiner notre compréhension de l'attention. Ce n'est pas ici le lieu d'entamer une discussion approfondie sur le rôle de l'attention dans le développement de l'enfant, mais, si l'on me demandait de citer les aspects les plus importants pour mon travail, ce serait le rôle de l'effort délibéré, en douceur, pour affiner l'attention. Comme pour tout le reste, certains enfants sont naturellement prédisposés à prêter attention, d'autres non. Mais indépendamment des dons, il suffit d'essayer de faire attention pour que le processus d'affinage commence. En se concentrant patiemment et doucement sur un effort modeste plutôt que sur le résultat, nous pouvons lancer les enfants sur une voie qui mène à l'attention stable et forte.

LA PLEINE CONSCIENCE ENSEMBLE :
LE CHANT, LE JEU, LA DANSE, LA CRÉATION, POUR FAIRE L'EXPÉRIENCE DE L'ESPRIT

Pour les adultes comme pour les enfants, il peut être difficile de s'arracher à l'activité frénétique du quotidien pour entrer dans un état d'esprit favorable à la méditation. Quand je travaille avec des enfants et des adolescents, je fais précéder chaque période de méditation par un jeu ou une activité conçu pour les dissuader d'analyser ce qui se passe et les guider vers une expérience moins conceptuelle. Chanter, danser, faire des bulles de savon, jouer du tambour, lancer des ballons, faire une ronde, faire des collages, en un mot s'amuser, tout cela est un excellent prélude à la méditation. L'écrivain et philosophe Alan Watts avait l'habitude de danser, de chanter et même de tenir des propos sans queue ni tête avant de s'asseoir pour écrire et méditer. On raconte que la veille de sa mort, il donnait des coups de poing dans des ballons gonflés en disant : « Ah, si je pouvais seulement trouver le moyen de faire ça sans mon corps. »

Vous pouvez essayer chez vous avec des ballons gonflés, ou vous pouvez faire ensemble des bulles de savon. Diffusez de la musique, puis soufflez en silence vos bulles de savon, adultes et enfants ensemble. Tant que la musique dure, mélangez vos bulles à celles des autres. Quand la musique cesse, encouragez chacun à s'asseoir là où il se trouve et à se reposer une minute ou deux, en ressentant l'expérience de l'instant présent. Pour ceux qui aiment la pleine conscience de leur respiration, c'est le moment idéal pour pratiquer.

*J'aimerais pouvoir revoir une de mes nounous
J'aimerais que ma famille soit gentille avec moi
J'aimerais que les gens ne me taquinent pas
ou ne se moquent pas
J'aimerais être libre pour toujours.*

Un élève de CE1

5

Pleine conscience, bienveillance et compassion

Dans toute la littérature, aucun personnage n'a un plus grand cœur que Georges le petit curieux, le personnage principal d'une série d'histoires écrites par Hans Augusto Rey. Georges est un chimpanzé ramené d'Afrique par l'Homme au chapeau jaune. Plein de bonnes intentions mais mettant constamment à l'épreuve les limites de son maître, Georges séduit parents et enfants depuis plus de soixante ans, et c'est un bon modèle pour aider les enfants à comprendre la façon ouverte et curieuse dont nous contrôlons le vécu quand nous pratiquons la pleine conscience, ainsi que l'importance de ne pas toujours réagir à ce que nous observons, du moins pas immédiatement.

La curiosité fait de Georges un éternel enthousiaste, réceptif à toutes les expériences. Il ne réfléchit pas avant d'explorer, il ne juge ni les autres ni lui-même, et chaque expérience est une nouveauté. Il prend la vie pour argent comptant et accueille toutes les perceptions brutes. Cette manière réceptive et joueuse de voir le monde, sans aucune idée préconçue, c'est ainsi que nous appliquons la pleine conscience à ce qui se passe dans notre univers interne et externe. Avec ses collègues, le Dr Scott Bishop, chercheur à l'université de Toronto, décrit cette perspective de façon plus scientifique dans un article qui propose une définition opératoire de la pleine conscience :

> Une orientation de l'expérience qui commence par s'engager à préserver une attitude de curiosité quant aux lieux vers lesquels l'esprit s'égare chaque fois qu'il s'éloigne inévitablement du souffle, et une curiosité quant aux différents objets situés dans le cadre de l'expérience de chaque instant [...] Cela implique une décision consciente de renoncer à l'ambition de vivre une expérience différente et un processus actif par lequel on « autorise » les pensées courantes, les sentiments et les émotions[40].

Quand je travaille avec des enfants et des familles, je compare cet état d'esprit à une pièce de théâtre. Si passionné que vous soyez par l'intrigue, malgré tout l'intérêt que vous portez aux personnages, vous ne montez pas sur scène pour les tirer d'embarras : vous restez à votre place et vous regardez. C'est ainsi que nous supervisons les activités de notre corps et de notre esprit quand nous méditons. Nous les vivons, nous sommes touchés par elles tout comme nous vivons le drame qui se joue sur scène et nous nous laissons toucher par lui, nous participons à l'expérience sans être entraînés dans l'action de la pièce. C'est une distinction importante quand on utilise la pleine conscience pour aider à gérer des émotions difficiles, j'y reviendrai, mais elle échappe à beaucoup d'enfants. Les adolescents et les préados perçoivent mieux cette distinction et savent l'utiliser dans leur vie.

La première étape d'une démarche scientifique est l'observation, et comme les bons scientifiques, quand nous pratiquons la pleine conscience, nous commençons par observer le vécu avec un esprit curieux et ouvert. Une activité qui aide les enfants à maîtriser cette compétence est le jeu du Bonjour. On peut y jouer dans une classe ou autour de la table du dîner. Voici comment il se déroule.

Le jeu du bonjour

Dans ce jeu simple, nous nous tournons à tour de rôle vers notre voisin pour lui dire bonjour, et pour noter la couleur de ses yeux. J'ai découvert cet exercice grâce au Dr Bill Tekeshita, spécialiste de l'apprentissage à Santa Monica, Californie ; il utilisait cette technique avec des enfants qui avaient du mal à regarder les autres personnes dans les yeux. Je l'ai essayée et j'ai vite compris comment cette technique supprime la charge émotionnelle et l'embarras du contact visuel. Par exemple, vous pouvez établir le contact visuel avec votre fille et dire « Bonjour, tes yeux ont l'air bleus ». En réponse, elle dira une chose semblable, « Salut, Maman, tes yeux ont l'air marron ». Quand il y a plus de deux personnes, nous nous asseyons en cercle et le bonjour passe d'une personne à une autre jusqu'à ce que tout le monde y ait pris part.

Remarquez la formulation : « Tes yeux *ont l'air* bleus », par opposition à « Tes yeux *sont* bleus ». Je formule cette salutation de manière à renforcer l'idée d'observer plutôt que d'analyser. Souvent, les gens ne sont pas d'accord entre eux au sujet de la couleur des yeux, et les enfants n'arrivent jamais à se décider à propos des miens, car ils changent apparemment selon les vêtements que je porte : parfois ils semblent bleus, à d'autres moments ils paraissent verts. En disant « Salut, Susan, tes yeux *ont l'air* verts », plutôt que « Salut, Susan, tes yeux *sont* verts », les enfants mettent l'accent sur le processus d'observation plutôt que sur l'objet observé. C'est un détail, mais qui est utile lorsqu'on enseigne aux enfants la différence entre décrire ce qu'ils voient et tirer une conclusion.

Certains enfants sont timides et se dissimulent les yeux durant le jeu. Néanmoins, j'encourage l'enfant qui dit bonjour à décrire ce qu'il voit. Par exemple : « Salut, on dirait que tes yeux sont masqués. » En réponse, l'enfant aux yeux couverts se sent souvent moins angoissé, il rit et montre ses yeux. Les jeunes enfants proposent aussi des descriptions très inventives des yeux de leurs amis : les yeux bruns auront l'air « bleus », « violets » ou même « à pois », ce qui peut perturber l'enfant aux yeux bruns, qui ne sait trop comment réagir. C'est le moment de rappeler à tous que le but du jeu est de remarquer et de dire tout haut ce dont telle personne a *l'air* selon vous, ce qui peut différer de ce dont elle a l'air selon quelqu'un d'autre ou selon elle-même. Il faut s'attendre à quelques réponses idiotes, mais si le jeu dégénère, c'est aussi l'occasion de rappeler aux jeunes enfants que ces réponses-là, bien qu'amusantes, ne sont pas souhaitables et qu'il vaut mieux faire un autre choix.

Le jeu du Bonjour est particulièrement apprécié par Annaka Harris, qui a enseigné pendant deux ans le programme Inner Kids à l'école élémentaire de Toluca Lake, à Los Angeles. Durant une réunion sur la pratique de la pleine conscience avec des enfants, elle a déclaré :
Le jeu du Bonjour enseigne la conscience de l'expérience présente, tout en inspirant la confiance, le respect et le sens du travail d'équipe. Cet exercice est intéressant à suivre tout le long d'un semestre.

> Au début, quand nous le faisons pour la première fois, les élèves sont très embarrassés. Ils gloussent, certains disent même qu'ils ont peur quand ils établissent le contact visuel. Ils deviennent si distraits que nous parvenons à peine à faire le tour du cercle deux ou trois fois. Mais à la fin du semestre, ils se tournent, ils se regardent, ils maintiennent le contact visuel, pour la plupart sans gêne aucune, ils sont plus assurés, ils s'écoutent vraiment les uns les autres, et ils restent très concentrés sur l'instant présent.

Il existe plusieurs variantes du jeu du Bonjour, qui encourage la conscience de notre corps, de notre esprit, des autres et de la planète. Il en sera question dans les chapitres à venir.

L'étape suivante dans l'investigation scientifique consiste à utiliser toutes les ressources disponibles pour aider à mieux comprendre ce que vous voyez. Cela vaut aussi lorsqu'on pratique la pleine conscience. Comme pour la méthode scientifique, la première étape est d'observer par l'attention pure et la deuxième est de comprendre l'expérience. La compréhension méditative vient lorsque les enfants contextualisent leur expérience dans le cadre des enseignements de la pleine conscience qui incluent l'impermanence, l'interconnexion, la bienveillance et la compassion. Cette compréhension est parfois appelée « compréhension claire ». Dans un échange très animé entre deux érudits, Alan Wallace et le moine Bhikku Bodhi, Bodhi écrivit : « C'est seulement quand [l'attention pure et la compréhension claire] travaillent ensemble que la pleine conscience peut atteindre son objectif[41]. »

C'est un processus complexe que même les plus rompus à la méditation trouvent parfois difficile, surtout quand il touche au matériau émotionnel. Pour offrir aux enfants et adolescents un lieu sûr où parler ouvertement de leur pratique méditative, et y donner sens dans le contexte de leur vie, je divise le processus en étapes claires et concrètes qu'ils comprennent et peuvent anticiper.

* **Jouer :** D'abord, nous nous amusons un peu.
* **Méditer :** Ensuite, nous pratiquons l'introspection, souvent la pleine conscience de la respiration, assis, debout, couchés ou en marchant. Tout en méditant, nous observons notre esprit et notre corps du point de vue d'un observateur amical, avec un esprit ouvert et curieux, aussi libre de préjugés que possible. Les chants, danses, jeux et autres activités décrits dans le livre sont des exemples de ce que nous faisons pendant les deux premières étapes du processus : jouer et méditer.
* **Partager :** Après cela nous évoquons notre expérience de l'apprentissage de la méditation, comment nous pouvons utiliser dans la vraie vie ce que nous apprenons. C'est l'occasion d'encourager les enfants à rechercher de l'aide s'il leur vient à l'esprit un sujet qui les inquiète.
* **Appliquer :** Enfin, nous utilisons ce que nous avons appris dans notre quotidien, informés par la connaissance des principes de la pleine conscience, en particulier ceux d'impermanence, d'interdépendance et de service de la communauté.

Pour aider les enfants à développer une compréhension méditative de ce qu'ont écrit Bhikku Bodhi et Alan Wallace, les enfants évoquent avec moi et entre eux leur expérience (troisième et quatrième étapes du processus). En tant qu'adultes qui choisissons de pratiquer la pleine conscience avec des enfants et des adolescents, notre plus grande responsabilité est de les aider à comprendre leur expérience méditative. Nous soutenons les enfants en leur posant calmement les questions qui les ramènent à leur propre expérience.

Nous ne leur donnons pas de conseils, nous ne tirons pas de conclusions, nous ne projetons pas sur eux notre expérience. Il y a chaque jour une multitude d'occasions de parler avec vos enfants, pour qu'ils vous confient leurs impressions sur ce qui se passe dans leur esprit, leur corps et leur vie. Dans la voiture en partant pour l'école, quand vous nettoyez la cuisine, quand vous lisez sur le canapé ou après avoir médité ensemble : autant d'occasion de bavarder, et aucun moment n'est préférable à un autre.

Si nous sommes plus de deux à méditer ensemble, nous nous asseyons ensuite en cercle pour partager nos récits. Même si j'y ai pris de grandes libertés, le processus de groupe utilisé dans les classes Inner Kids s'inspire d'une classe d'apprentissage du langage émotionnel, le programme Council, que mes élèves suivaient dans leur école. Dérivé des conseils d'anciens parmi les Indiens d'Amérique et d'autres traditions contemplatives, le programme Council a été adapté pour la classe par Jack Zimmerman, de l'Ojai Foundation, en Californie[42]. Ce format est bien adapté à la pratique de la pleine conscience. Ses quatre intentions – parler avec le cœur, écouter avec le cœur, élaguer son discours et être spontané – encouragent les enfants à développer leur propre voie et à avoir confiance en eux.

DE LA PLACE POUR RESPIRER

Revenons à Georges le petit curieux. Georges a beau essayer d'éviter les ennuis, sa curiosité l'entraîne invariablement dans des situations embarrassantes. Il maîtrise la faculté de vivre tout ce qui arrive avec curiosité et bon cœur, mais il n'a pas encore appris à contrôler ses réactions. Si Georges parvenait à « se retenir », à s'accorder assez de place pour respirer, il pourrait envisager son vécu de façon plus claire et il discernerait mieux quelle est la réponse appropriée. Bien sûr, ses histoires seraient infiniment moins drôles.

Cette retenue a été expliquée par l'érudit Analayo, dans un livre qui faisait fusionner les données collectées dans le cadre de son doctorat préparé dans une université du Sri Lanka et son expérience méditative de moine. Il écrit :

> La nécessité de distinguer clairement un premier stade d'observation et un second stade d'action est [...] une caractéristique essentielle de ce mode d'enseignement. La simple raison de cette approche est que seule l'étape préliminaire consistant à évaluer calmement une situation sans réagir immédiatement permet d'entreprendre l'action appropriée[43].

Autrement dit, à mesure que la pleine conscience imprègne leur vision du monde, les enfants entrent en interaction les uns avec les autres de manière moins réactive et plus avisée. Cela dit, il y a des moments où il est bien plus judicieux de réagir que de se retenir : rire d'une plaisanterie, par exemple, ou saisir une balle au vol. Si la main d'un enfant touche des braises, il doit la retirer aussitôt avant de réfléchir. Mais retarder la réaction est une méthode de bon sens pour affronter des situations plus complexes.

La parole en pleine conscience peut être enseignée tout comme on enseigne à ne pas réagir de façon automatique. Assis en cercle, nous demandons aux enfants et aux adolescents d'être conscients de ce qu'ils disent. De même qu'il est crucial de savoir ce que nous voulons dire quand nous demandons aux enfants de faire attention, il est essentiel d'être clair quand nous leur demandons de parler en pleine conscience. On peut ici recourir à l'enseignement soufi des Trois Portes, surtout avec des enfants de moins de douze ans. Cela les encourage à se poser trois questions avant de parler : Est-ce vrai ?

Est-ce nécessaire ? Est-ce gentil ? Bien observer une situation et l'évaluer avant d'agir, ou avant de parler, est une compétence importante dans la vie. Avec un peu de formation et de pratique, la première partie (l'observation et l'évaluation) peut avoir lieu en un clin d'œil.

LES TROIS PORTES

Est-ce vrai ?
Est-ce nécessaire ?
Est-ce gentil ?

Attendre avant de parler peut être problématique si cette méthode n'est pas employée avec soin. Je donne un cours avec Tom Nolan, doyen des élèves et directeur adjoint du lycée de Crossroads, où je combine le programme Council au programme de pleine conscience Inner Kids. À l'école primaire de Crossroads, on utilise habilement les Trois Portes et, en réponse à une question d'un de nos élèves adultes, Tom Nolan a mis en garde les meneurs de groupe : ils risquaient par inadvertance d'employer ces trois questions pour « limiter ce que les enfants partagent entre eux ». Il poursuivit ainsi :

> « Parfois, il est bon pour les enfants de dire simplement ce qu'ils ont en tête. Dans le programme, je préfère qu'ils disent ce qu'ils ont sur le cœur, et si l'ombre émerge, nous nous en occupons. Les enfants de tous âges (et bien sûr les adultes) ont besoin d'un lieu pour dire ce qu'ils ressentent, sans honte ni jugement. Le programme fournit ce type de cadre, et le processus travaille avec l'ombre, pourvu que le facilitateur soit courageux et prêt à s'y aventurer. »

Ce commentaire soulève un problème plus général quant à la non-réactivité : il n'est pas toujours dans l'intérêt de l'enfant de ruminer sur ce qu'il va faire et dire. Se comporter ainsi dans toutes les situations le priverait de sa spontanéité. Peu de gens réfléchissent constamment à ce qu'ils vont faire, et je connais peu de gens qui pensent que c'est une bonne idée. Après tout, combien d'entre nous voudraient d'une vie toujours parfaitement réglée ? L'enfance serait-elle l'enfance sans éruptions périodiques de rires et de larmes ? Les enfants peuvent être des explorateurs conscients et des observateurs amicaux sans refréner leur spontanéité naturelle. En tant que parents, nous devons offrir un modèle de bon jugement et, à moins qu'il n'y ait des raisons de penser le contraire, nous devons considérer que nos enfants sont dotés d'un bon jugement ou sont en train de l'acquérir. Il peut être bon qu'un enfant agisse sur un coup de tête, quitte à commettre une erreur. Nous espérons qu'elle sera sans gravité, mais se tromper est un bon moyen de progresser. Pour citer Albert Einstein : « Celui qui n'a jamais fait d'erreur n'a jamais essayé quoi que ce soit de neuf. » L'idée de retenue n'a pas pour but de brimer les enfants. C'est une compétence utile, censée élargir l'univers des enfants en les aidant à négocier des situations complexes. Elle n'a pas pour but de contracter leur univers en inhibant leur spontanéité et leur créativité.

LA PETITE VOIX INTÉRIEURE

Pendant toutes ses années de lycée, ma fille avait entraînement d'aviron chaque jour après l'école à Marina del Rey, à trois quarts d'heure de route de chez nous. Avant qu'elle ait passé son permis, je passais mon temps à lire sur la plage en attendant de la ramener à la maison. Un après-midi, quatre jeunes filles du collège local se sont installées près de moi. Elles étaient séduisantes et semblaient venir d'un milieu aisé, mais leur conversation n'avait rien de bien joli. Deux d'entre elles, que j'appellerai les « dominantes », s'en prenaient à une troisième, sans raison apparente, et la quatrième semblait indifférente, ne disant pas un mot. Je me suis demandé si elle cherchait à améliorer son image en prenant le parti des dominantes, si elle allait tenter de sauver la malheureuse victime ou si elle se contenterait de ne rien faire du tout.

C'était une torture que d'entendre les dominantes se moquer de la troisième, et alors que je m'apprêtais à intervenir, la quatrième dit aux autres de la laisser tranquille. Comme les dominantes n'en firent rien, elle demanda à la malheureuse de partir faire un tour sur la plage avec elle, laissant les autres seules sur leur couverture, sans victime ni auditoire. Je fus impressionnée par l'attitude intrépide et compatissante de cette jeune fille.

Les deux autres, abandonnées, tournèrent leur hostilité contre elles-mêmes. Elles parlaient d'une récente virée au centre commercial pour s'acheter des maillots de bain, et il était pénible de les entendre dire qu'elles détestaient leur nez, leurs « grosses cuisses », et même le son de leur propre voix, alors qu'elles exagéraient et disséquaient le moindre défaut. Je repensai à un roman que mon mari avait écrit sur un comique qui racontait qu'il avait sur l'épaule un petit trublion qui criait des insultes. Malgré leurs atouts, qui étaient nombreux, ces filles étaient incapables de prendre du recul, de respirer profondément et de se voir calmement telles que les autres les voyaient. Peut-être n'auraient-elles jamais meilleure opinion d'elles-mêmes tant qu'elles n'auraient pas réduit au silence cette petite voix intérieure.

Les garçons ont eux aussi une petite voix interne. Un grand-père dévoué m'a un jour amené son petit-fils. Les parents et les professeurs de ce petit garçon se demandaient s'il avait un problème d'attention parce qu'il gigotait et était toujours distrait en classe. C'était un enfant actif et je ne fus pas surprise d'apprendre qu'il ne tenait pas en place. Il y a quelques générations, les enfants passaient beaucoup plus de temps en plein air, à se remuer ; pas étonnant si les enfants d'aujourd'hui ont parfois des difficultés avec les activités sédentaires imposées à l'école. Quand j'ai interrogé le petit garçon, il m'a dit qu'il était malheureux à l'école, pas à cause du travail, mais sur un plan social. En lui parlant, j'ai compris qu'il s'était replié sur lui-même, victime de sa propre voix intérieure. Il me dit qu'il était tenu éveillé la nuit par ce qu'il avait dit ou fait dans la journée. Et quand il n'était pas paralysé par l'anxiété, il avait tendance à exprimer sa frustration avec ses camarades en les bousculant ou en les frappant dans la cour de récréation. Cela le privait de beaucoup d'amis et le handicapait dans son travail. Je lui ai proposé des techniques simples pour l'obliger à s'arrêter et à respirer lorsqu'il sentait qu'il risquait de perdre son calme, et il les a trouvées utiles. Il s'est mis à employer des techniques semblables avant de se coucher, pour s'apaiser, afin de pouvoir s'endormir. Mais, surtout, je lui ai conseillé de se montrer plus gentil avec lui-même. Son grand-père le décrivait comme le plus doux des enfants, et je fus impressionnée par son degré d'empathie envers les garçons avec lesquels il se bagarrait à l'école, qui souvent lui avaient infligé des brimades. J'espérais qu'il développerait le même degré de compassion et de compréhension pour lui-même.

Les petites voix intérieures sont remarquablement inventives lorsqu'il s'agit de donner mauvaise conscience aux enfants. L'un des pièges mentaux qu'elles peuvent tendre est d'exiger la perfection. Je n'ai jamais rencontré personne qui avoue croire possible d'être parfait, mais je connais beaucoup de gens qui agissent ainsi. Si les enfants (ou leurs parents) ont tendance à penser de la sorte, ils peuvent adopter une approche stricte de la pleine conscience, et croire que s'ils méditent assez, s'ils deviennent assez attentifs, ils pourront être parfaits ou presque. Cette approche orientée vers un but est un piège et pousse les enfants à se croire lamentables. Beaucoup d'enfants ont déjà le sentiment de ne pas être à la hauteur, et la méditation peut devenir une activité de plus où ils s'attendent à la perfection. Si vos enfants sont victimes d'une petite voix intérieure, rappelez-leur que la pleine conscience est un processus doux et non sévère.

Les filles dominantes de la plage se jugeaient selon des critères physiques bien trop exigeants. J'ai travaillé avec une jeune fille qui était tout aussi dure envers elle-même, mais d'une autre manière. Elle était intelligente, belle et talentueuse, mais sur le plan scolaire elle plaçait la barre tellement haut que la moindre critique la mettait au bord des larmes. Quand elle n'était encore qu'un nourrisson, il fallait toujours que les cubes avec lesquels elle jouait soient parfaitement alignés, et elle tenait à plaire à tous les adultes qu'elle rencontrait. Si on lui laissait entendre que ce qu'elle faisait n'était pas absolument parfait, elle y voyait la confirmation qu'elle avait mal agi ou s'était trompée. Elle était donc souvent anxieuse et ses parents se demandaient s'ils pouvaient l'aider d'une quelconque manière.

Le problème du perfectionnisme, au collège et au lycée, revient souvent dans mon travail, et peut s'avérer difficile à traiter. Dans un échange de courriels que j'ai eu avec Jon Kabat-Zinn, il m'a généreusement offert quelques excellents conseils pratiques que je vous transmets :

> Il faut être très prudent dans ce domaine. À mon avis, il vaut mieux ne pas utiliser les mots « parfait » et « perfection » même s'ils figurent dans les textes classiques. Je ne suis pas traducteur, je ne parle ni le pali ni aucune autre de ces langues. Mais dans mon programme de réduction du stress, il n'est jamais question de perfection, sauf pour dire (comme

je le fais beaucoup) que vous êtes « parfait comme vous êtes, y compris avec toutes vos imperfections ». Cette formule paradoxale laisse beaucoup de place pour accepter les petits défauts que nous nous attribuons (et que les enfants s'attribuent), tout en encourageant ce qu'il y a en nous de plus profond, de meilleur et de plus beau, qui est déjà présent et qui n'est donc pas un but à atteindre. C'est le cas quelle que soit votre opinion de votre apparence, quel que soit votre poids, si mal que vous vous sentiez dans votre peau, malgré ce que vous vous reprochez d'avoir fait ou de n'avoir pas fait. Votre nature est déjà et toujours lumineuse, belle, entière, parfaitement ce qu'elle est. Vous ne vous en rendez peut-être pas compte à chaque instant, mais vous pouvez au moins pratiquer brièvement « comme si » vous étiez déjà très bien, déjà entier, déjà votre vrai moi. De ce point de vue, j'aime à dire que « le monde a besoin de toutes ses fleurs » et que nous devons tous découvrir (et réaliser) la fleur que nous sommes. La pratique de la pleine conscience nous permet d'ôter nos verres déformants (notamment, et peut-être surtout, nos pensées et émotions réactives destructives) pour voir « la réalité nue des choses ». Voilà ce que signifie retrouver ses esprits, au sens propre comme au figuré.

RIEN NE DURE ÉTERNELLEMENT

Les pratiques de pleine conscience qui aident les enfants à mieux comprendre leur vécu apportent un changement de perspective grâce auquel ils peuvent faire taire leur petite voix intérieure. Par exemple, il est difficile de trop s'attacher aux choses sans importance lorsqu'on voit la vie sous l'angle de l'impermanence. Quand ils sont tristes ou contrariés, beaucoup d'enfants se consolent en sachant que ce qui arrive de bon, de mauvais ou de neutre, a peu de chance de rester très longtemps ainsi. En adoptant la posture de l'observateur amical, un enfant se met bientôt à remarquer calmement que tout change. Cela peut être rassurant, surtout pour ceux qui ont récemment compris que la vie n'est pas toujours juste. La vie n'est peut-être pas juste aujourd'hui, mais cela ne signifie pas qu'elle ne le sera pas non plus demain. Attendre n'est pas toujours facile, mais les choses changeront. Il suffit de tenir bon. Et quand les enfants se demandent s'il y a la moindre logique à ce changement infini, ils commencent peut-être à remarquer les liens entre des événements qui semblent très éloignés l'un de l'autre. Ils peuvent songer à un ballon lâché dans le ciel qui finit par blesser un dauphin dans l'océan, ou comment les soldats américains risquent leur vie au Moyen-Orient pour que nous puissions faire le plein d'essence avec nos voitures. Même sur une planète qui compte 6 milliards d'habitants, les enfants peuvent voir en quoi tout est lié, même si ces liens ne sont pas tous évidents, et s'il faut beaucoup de subtilité pour les percevoir.

VOTRE MEILLEUR AMI, C'EST VOUS

Notre petite voix intérieure nous accable parfois d'informations qu'elle est la seule à pouvoir connaître (parce qu'elle est une partie de nous-mêmes) même si nous comprenons bien les aléas de la vie, les liens présents dans l'univers, nous ne nous sentons pas à l'abri. Quand nous avons peur, tout devient terrifiant, même notre esprit ne nous offre aucune sécurité. Ce sont des moments où nous avons besoin d'un refuge intérieur. Les pratiques de visualisation peuvent alors être réconfortantes, et même être source de transformations. Mais quand on pratique avec des enfants et des adolescents, ce sont des aspects importants à avoir en tête.

J'ai rencontré des enfants qui affrontent à la maison ou à l'école des défis que je n'aurais jamais imaginés, les uns dont j'avais pu entendre parler, les autres pas du tout. En pratiquant avec des enfants, je me rends compte que je ne sais pas tout de la vie intérieure et extérieure de *mes propres enfants*, et encore moins sur la vie intérieure et extérieure des enfants des autres. Pour cette raison, j'évite certaines visualisations classiques, même si elles peuvent être très bénéfiques pour les adultes. J'évite :

* toute formule selon laquelle un enfant *devrait* éprouver tel sentiment, positif ou négatif, envers les autres ;
* toute formule selon laquelle un enfant *devrait* offrir pardon, acceptation ou compassion à quelqu'un qui lui fait du mal sur le plan physique ou émotionnel.

Un moyen d'éviter ces terrains minés est de limiter la visualisation de la tendresse, de l'amour et de la compassion aux personnes choisies par les enfants eux-mêmes, ou à des groupes, comme leurs camarades de classe ou les gens de leur quartier, ou à l'ensemble des êtres et des choses de la planète. Il est également important de rassurer les enfants, leur dire qu'ils sont en sécurité, au propre comme au figuré. Quand je dirige une séance de méditation, je rappelle aux enfants que je garderai les yeux ouverts, de sorte qu'ils peuvent fermer les leurs sans crainte. Même avec ces précautions, certains enfants ne se sentent pas en sécurité, et je ne force jamais personne à participer. Avec les enfants qui ont du mal à s'allonger pour méditer avec d'autres, je les encourage à rester assis si cela leur convient davantage. Après avoir fait tout mon possible pour les mettre à l'aise sur le plan physique et émotionnel, je les invite à se ménager des pauses durant lesquelles ils sont gentils avec eux-mêmes. C'est une idée radicale pour beaucoup de gens. Voici comment je suggère aux enfants et aux adolescents de commencer.

Méditation : un acte radical de bienveillance

Allongeons-nous sur le sol et prêtons attention à ce qui se passe dans notre corps. Que ressentent en ce moment les différentes parties de notre corps ? Nous n'allons pas nous demander s'il y a quoi que ce soit que nous aimerions changer dans notre corps. Nous allons remarquer ce que notre corps éprouve, couché à terre dans cette salle aujourd'hui. Notre priorité absolue est de prendre bien soin de nous.

Tu sens ta tête sur l'oreiller, le creux de ton cou, tes épaules sur la couverture. Si des pensées te viennent à l'esprit pendant que tu examines ton corps, essaie de ne pas te laisser entraîner par elles. Regarde plutôt comment tes bras sont posés à tes côtés, comment ton dos touche le sol, ce que sentent tes reins, ton postérieur, tes jambes, tes talons, tes pieds. Essaie de ne rien analyser pour le moment. Observe simplement ton corps et ton esprit comme si tu étais un spectateur amical et impartial. Si tu entends une petite voix à l'intérieur, c'est tout à fait naturel, tâche seulement de l'ignorer en détournant doucement ton attention de ton esprit pour la ramener à ton corps. Tu peux même te murmurer en silence « Pas maintenant ».

Nous sommes pour la plupart très occupés, et il est difficile de trouver du temps pour nous reposer et regarder en nous-mêmes. Le repos et l'introspection semblent rarement aussi importants que nos autres activités. Pourtant, ils sont vraiment importants, et bien plus que beaucoup de gens ne le pensent.

Rappelle-toi, tu n'as pour le moment nulle part où aller. Tu n'as rien d'autre à faire. Il n'y a personne à qui tu doives faire plaisir. Tu n'es pas obligé d'être quelqu'un d'autre. Tu n'as besoin de rien de plus que ce que tu as ici. Tout ce que nous faisons pour le moment, c'est nous reposer. Rien de plus, rien de moins.

Quand tu sens ton corps sur le sol, observe la sensation de ton corps qui se détend, s'abandonne au sol et à la terre. Imagine que tu peux voir la tension dans ton corps, que cette tension est comme un nuage de fumée grise. Et sens-la quitter ton corps, s'enfoncer dans le sol. Puis imagine qu'elle s'écoule dans la terre. Recommence.

Rappelle-toi, tu n'as pour le moment nulle part où aller. Tu n'as rien d'autre à faire. Il n'y a personne à qui tu doives faire plaisir. Tu n'es pas obligé d'être quelqu'un d'autre. Tu n'as besoin de rien de plus que ce que tu as ici. Tout ce que nous faisons pour le moment, c'est nous reposer. Rien de plus, rien de moins.

Maintenant que toute la tension de ton corps a été libérée dans la terre, représente-toi un refuge. Il peut s'agir d'un lieu où tu es déjà allé, d'un lieu où tu n'es jamais allé mais que tu aimerais visiter, ou d'un lieu imaginaire que tu inventes. Certains enfants me disent que ce refuge, c'est leur lit ; pour d'autres, c'est leur jardin ou la plage ; pour d'autres encore, ce sont les vacances avec papa et maman. Ton refuge est un endroit où tu es heureux, où tu te sens aimé, où tu es fort et détendu, et où tu t'amuses. Imagine-toi en train de t'amuser et de te détendre dans ton refuge.

Rappelle-toi, tu n'as pour le moment nulle part où aller. Tu n'as rien d'autre à faire. Il n'y a personne à qui tu doives faire plaisir. Tu n'es pas obligé d'être quelqu'un d'autre. Tu n'as besoin de rien de plus que ce que tu as ici. Tout ce que nous faisons pour le moment, c'est nous reposer. Rien de plus, rien de moins.

Déplaçons notre attention vers l'espace situé à l'intérieur de notre poitrine, là où se trouve notre cœur. Imagine que cet espace est chaud, rougeoyant, sens comme cette chaleur devient peu à peu plus douce, plus vaste, plus profonde, jusqu'à ce qu'elle irradie pour réchauffer notre torse, notre cou, nos épaules, nos bras, nos mains et nos doigts ; elle réchauffe nos hanches et nos jambes jusqu'à la plante des pieds, jusqu'au bout des orteils. Jusqu'en haut de notre tête, jusqu'au bout de nos orteils, devant, derrière, au milieu, partout jusqu'à ce que notre corps soit rempli de lumière chaude. Cette chaleur venue de l'intérieur est immense et illimitée. Savourons un moment cette chaleur. Rappelle-toi, tu n'as pour le moment nulle part où aller. Tu n'as rien d'autre à faire. Il n'y a personne à qui tu doives faire plaisir. Tu n'es pas obligé d'être quelqu'un d'autre. Tu n'as besoin de rien de plus que ce que tu as ici. Tout ce que nous faisons pour le moment, c'est nous reposer. Rien de plus, rien de moins.

Beaucoup d'entre nous consacrent beaucoup de temps et d'énergie à prêter attention aux autres. Nous nous demandons ce qu'ils ressentent, ce qu'ils pensent, ce qu'ils aimeraient que nous fassions, comment ils aimeraient que nous soyons. Il est bon de penser parfois aux autres, mais nous n'allons pas penser à eux aujourd'hui. Pour le moment, nous allons nous accorder une pause et ne plus penser à ce que les autres disent, font, pensent et ressentent. Nous allons nous libérer de toutes nos pensées sur les autres et faire quelque chose d'assez radical. Nous allons nous occuper de nous-mêmes et nous reposer.
À force de vous voir, j'ai vu combien vous aimez vos amis et combien vous vous soutenez entre vous. J'ai été inspirée par votre travail d'équipe. À présent, nous allons nous montrer aussi doux, aimants et encourageants envers nous-mêmes que nous le sommes envers nos amis.

Repose-toi dans ton refuge, en sachant que tu es complet et entier tel que tu es. Si tu n'y crois pas, ne me suis pas sur ce point. Tu n'as

PLEINE CONSCIENCE, BIENVEILLANCE ET COMPASSION

> pas à faire quoi que ce soit, tu n'as pas à changer, et tu n'as pas à être quelqu'un d'autre. Tu es complet et entier tel que tu es. Que tu sois heureux ou triste aujourd'hui, qu'il y ait en ce moment plus de mauvais que de bon dans votre vie. À long terme, cela n'aura pas autant d'importance que cela paraît en avoir à présent. Le mauvais et le bon font partie de la vie, ils vont et viennent comme la marée. Une chose est sûre, ils changeront toujours. Parfois il est difficile d'attendre, mais il suffit de tenir bon.
> Nous allons terminer en nous envoyant à nous-mêmes des vœux généreux. Imagine-toi dans ton refuge où tu es heureux et où tu t'amuses. Tu chantes, tu danses, tu lis, tu te reposes, tu joues de la guitare... Tu peux faire ce qu'il te plaît dans ton refuge. Que tu soies fort et en bonne santé. Que tu soies avec des gens que tu aimes et qui t'aiment. Tout le monde est détendu et à l'aise dans ton refuge. Tout le monde est en paix, libre et s'amuse dans ton refuge.

Les pratiques d'autocompassion peuvent être difficiles pour les enfants comme pour les adultes. Si vous êtes l'une des nombreuses personnes qui trouvent ces pratiques difficiles, je vous encourage à trouver un bon professeur de méditation pour vous aider. La recherche associe l'autocompassion à d'autres qualités positives comme la sagesse, l'initiative, la curiosité, le bonheur et l'optimisme. De plus, même si vous n'éprouvez guère de compassion pour vous-même dans l'immédiat, les études et des milliers d'années d'expérience indiquent que cela pourrait changer si vous pratiquez la pleine conscience[44].

DÉCOUVRIR LA BEAUTÉ QUI EST TOUJOURS EN NOUS

Selon un enseignement classique, il est difficile d'être heureux quand nous ne reconnaissons pas la beauté de notre vraie nature. L'image du superbe joyau caché sous quatre voiles est une belle façon d'illustrer cette idée.

Prenez un bel objet dans votre vitrine ou votre boîte à bijoux, posez-le sur une table et recouvrez-le de quelques foulards. Ensuite, vous pouvez parler à vos enfants des moments où il vous est arrivé de douter de votre vraie nature et leur demander s'ils peuvent penser à des exemples similaires dans leur vie. À chaque récit d'une expérience difficile qui embrumait votre vision de vous-même, retirez un foulard. Enfin, quand vous ôtez le dernier, le bel objet caché est révélé, emblématique de la beauté qui se trouve en chacun de nous.

*J'aimerais avoir une vie incroyable
J'aimerais avoir une vie heureuse
J'aimerais faire vite mon travail
J'aimerais ne pas aller dans de mauvais endroits
J'aimerais être aimé et être sympa.*

Un élève de quatrième

6
L'éveil des sens

Manger est facile. Parfois, c'est beaucoup trop facile, si facile que c'est l'une des choses que nous faisons le plus machinalement. De temps en temps, je savoure une truffe, le piquant d'un oignon, le bouquet d'un chianti de Toscane. Mais trop souvent, je mange sans y penser, tout en parlant, tout en pensant à autre chose. Cela change quand je mange en pleine conscience avec ma famille. Cette pratique est une bonne façon de prêter attention à ce que nous entendons, goûtons, voyons, sentons et touchons à la fois, et nous pouvons le faire à chaque repas.

Voici ce qui est devenu la pratique classique de la nourriture en pleine conscience, conçue par Jack Kornfield et rendue célèbre par Jon Kabat-Zinn dans son programme de réduction du stress fondé sur la pleine conscience. Avec cet exercice, vos enfants et vous pourrez partagez une expérience transformatrice rien qu'en mangeant un raisin sec.

Méditation : manger un raisin sec

Commencez par regarder un raisin sec. Observez les rides inégales qui se dessinent à sa surface, sa forme irrégulière, sa couleur brune et riche. Ne tentez pas d'analyser, regardez simplement. Comment est-il ? Imaginez la terre fertile où la vigne a poussé, les doux rayons du soleil et la pluie qui a nourri la plante. Puis le bouton apparu sur la vigne et le grain de raisin qui en est sorti. *Imaginez* tout cela.

Imaginez les vendanges. Qui a récolté les grappes ? Quels vêtements portaient-ils ? Le raisin a-t-il été cueilli à la main ou par une machine ? Comment les grains se sont-ils transformés en raisins secs ? Imaginez des tonnes et des tonnes de grains de raisin qui mûrissent sur la vigne, puis sont mis à sécher sur un épais papier brun placé soigneusement au sol entre les ceps. Le raisin que vous tenez a-t-il séché sous un soleil brûlant ou dans un four en usine ? Imaginez les gens qui ont posé le papier brun à terre, qui ont cueilli toutes les grappes et qui ont soigneusement étalé le raisin. Comment était le temps ? Faisait-il chaud ? Faisait-il beau ? Pleuvait-il ? Imaginez les gens qui vérifiaient le raisin de temps en temps, pour voir s'il était prêt. Sont-ce les mêmes gens qui les ont ensuite ramassés et mis en boîte, une fois séchés ? Avez-vous jamais regardé ainsi votre nourriture ? À présent, *pensez-vous* différemment au raisin sec que vous tenez ? *Sentez-vous* les choses différemment ?

Maintenant, il est temps de manger. Regardez à nouveau le raisin sec. Prenez-le doucement entre deux doigts. Sentez la surface rugueuse du fruit contre votre peau. Passez doucement le bout de votre index sur sa surface ridée. Réessayez en fermant les yeux. Pouvez-vous repérer les différentes rides ? L'espace entre les rides ? Rouvrez les yeux et posez le raisin au creux d'une main, puis recouvrez-le avec l'autre main. Portez vos deux paumes jusqu'à votre oreille. Secouez doucement le raisin comme si vous jouiez des maracas. Si la pièce est très silencieuse, vous entendrez peut-être le son à peine perceptible que fait le raisin entre vos mains. Auriez-vous imaginé que vous écouteriez un jour un raisin sec ?

Essayez de tenir le raisin sec entre votre pouce et votre index et placez-le sous votre nez. Respirez-le. Aimez-vous l'odeur ? Elle est subtile mais sucrée. La sensation physique est-elle agréable ? Désagréable ? Neutre ? Avez-vous des réactions mentales à la sensation physique ? Voulez-vous le manger ? Ne pas le manger ? Avez-vous une préférence ?
Se passe-t-il quoi que ce soit lorsque vous inspirez l'odeur de ce petit raisin sec ? Se passe-t-il quelque chose dans votre bouche ? Beaucoup de gens commencent à saliver bien avant de mettre le fruit dans leur bouche. Sentez-vous, entendez-vous gargouiller votre estomac ? Cette expérience sensorielle suscite-t-elle des réactions émotionnelles ? Vous aimez les raisins secs ? Vous les détestez ? Vous y êtes indifférent ?

Bien, il est temps de placer le raisin dans votre bouche et de voir si vous pouvez continuer à prêter attention à vos cinq sens. Mais ne mordez pas encore dedans ! Ouvrez la bouche et posez le raisin sur votre langue. Laissez votre langue en explorer la texture irrégulière.
À présent, représentez-vous le fruit dans votre bouche, la peau sombre et accidentée du raisin sec contre votre langue. Pouvez-vous commencer à sentir le goût ? La surface d'un raisin sec est sucrée, d'un sucre naturel qui vient de la richesse du sol, du soleil et de la

L'ÉVEIL DES SENS

déshydratation qui crée ce petit fruit semblable à un bonbon. Laissez-vous le temps d'en goûter la saveur, de sentir la peau intacte du raisin. Vous salivez peut-être un peu plus maintenant, par anticipation (vous salivez peut-être rien qu'en lisant ce texte ; l'imagination est puissante). Pourquoi ne pas sucer un moment ce raisin sec ? Quand vous sucez, qu'arrive-t-il à votre gorge ?
Maintenant, mordez dedans.

Entendez-vous quelque chose ? Sentez-vous le jus qui gicle dans votre joue ? Laissez l'humidité de votre bouche se mêler au jus du raisin, créant une bouffée de sucre naturel. Que ressentez-vous ? De la satisfaction ? Du plaisir ? Du déplaisir ? Rien ? Savourez le goût qui remplit votre bouche et qui envoie des messages réconfortants à votre cerveau en lui signalant que vous mangez et que tout va bien.

Vérifiez une fois de plus votre esprit et votre corps. Vous êtes-vous amusé et voudriez-vous recommencer ? Ou vous êtes-vous ennuyé et préféreriez-vous faire autre chose ? Cela vous est égal ? Que signifient ces trois réactions (désir, aversion, indifférence) ? Avez-vous déjà eu la même sensation après d'autres activités quotidiennes ?
Enfin, profitez de l'occasion pour éprouver de la gratitude. Notez les liens incroyables unissant tous les êtres, les lieux et les choses, grâce auxquels nous dégustons ces raisins secs qui ont un jour été des fruits frais.
Essayez cela deux ou trois fois. Vous ne mangerez plus jamais des raisins secs de la même façon.

La recherche nous apprend que s'alimenter en pleine conscience a des effets positifs sur la santé des adultes[45]. Pourtant, on ne sait pas encore si ces effets concernent aussi les enfants, faute de recherche adéquate. J'ai participé à une étude menée par le Dr Michele

Mietus-Snyder, de l'université de Californie à San Francisco, et par le Dr Jean Kristeller, de l'université d'État d'Indiana, qui examinaient les interventions cliniques visant à réduire le stress psychologique et la résistance à l'insuline dont souffrent tant d'enfants obèses. L'étude de Mietus-Snyder et Kristeller visait les préadolescents traités dans les cliniques de gestion du poids. Ceux qui s'intéressaient au programme de réduction du poids étaient randomisés et inscrits dans l'un de deux groupes intensifs de huit semaines, avec exercice encadré ou formation basée sur la pleine conscience. L'étude examinait quarante enfants obèses et leurs parents. Vingt enfants et leurs parents suivaient chaque semaine un cours de gymnastique, les vingt autres et leurs parents suivaient chaque semaine un cours fondé sur la pleine conscience. Ils se rencontraient chaque semaine sur une période de huit semaines, et chaque cours durait deux heures et demie. Les cours de gymnastique et de pleine conscience incluaient des informations sur un mode de vie sain et sur la perte de poids. À la fin des huit semaines, les deux groupes montraient un progrès par rapport à la population générale des enfants en situation similaire. Les participants étaient mieux placés en termes de perte de poids et signalaient une amélioration de leur humeur et de leur estime de soi. Détail frappant, ces avantages avaient perduré quand les enfants furent réévalués deux mois après la fin du programme et se faisaient encore sentir lorsqu'ils furent réévalués douze mois après la fin du programme. Les deux groupes – gymnastique et pleine conscience – montraient des progrès significatifs[46]. Ces résultats n'ont rien d'étonnant puisque les avantages d'une alimentation en pleine conscience pour la population obèse adulte ont déjà été établis.

LES PORTES DE VOS SENS

Une fois que les enfants ont appris à faire attention de manière affinée et bienveillante, ils sont prêts à utiliser ces nouvelles compétences pour mieux comprendre leurs univers intérieur et extérieur. En se servant de la conscience du souffle pour calmer leur corps et concentrer leur esprit, ils peuvent éclairer les informations venues du monde extérieur par le biais de leur système sensoriel : par les cinq sens bien connus (goût, odorat, toucher, vue et ouïe), ainsi que par le système vestibulaire et le système proprioceptif évoqués au chapitre 3. Ces systèmes sont parfois appelés nos portes sensorielles.

Remarquer ce qui entre par ces portes est la première étape pour qui veut développer sa conscience sensorielle. L'étape suivante est de voir comment répondent votre corps et votre esprit. Vous réagissez peut-être de façon automatique à des événements sensoriels relativement inoffensifs que vous n'avez jamais remarqués. Vous le découvrirez en prêtant attention à votre expérience sensorielle du point de vue d'un observateur amical. Cette perspective peut être troublante pour les enfants et les parents s'ils pensent qu'observer une expérience, c'est en être détaché. Mais ce n'est pas ainsi que cela fonctionne, et ce n'est pas cela que l'on ressent. Vous vous rappelez la comparaison entre l'observateur amical et un spectateur au théâtre (chapitre 4) ? En voici une semblable que j'utilise quand je parle aux parents dont les enfants sont musiciens : quand je médite et que j'observe mon expérience sensorielle, c'est un peu comme quand je regarde mes enfants participer à un concert ou un récital.

Allegra et Gabe s'intéressent depuis toujours à la musique, et j'ai donc assisté à quantité de concerts et de récitals dans lesquels ils jouaient. Il n'est pas rare que je sois nerveuse pour eux quand je les regarde, même si je ne suis pas sur scène. Je sais que d'autres parents ressentent la même chose. En vingt ans, j'ai souvent vu mes enfants, mes neveux et leurs amis faire de la musique, mais je n'ai jamais été une observatrice extérieure. En écoutant jouer mes enfants, j'ai parfois été envahie par la joie, parfois beaucoup moins parce que j'avais entendu leur morceau bien des fois auparavant. Voici ce qui m'aide à comprendre la pratique de la conscience sensorielle : j'étais entièrement liée à l'expérience et je ressentais toujours quelque chose, mais sans jamais perdre le point de vue d'une observatrice amicale. Je savais qu'ils étaient les interprètes et que j'étais l'auditrice, et je n'ai donc jamais chanté en même temps qu'eux, si jolie qu'ait été la chanson, et malgré ce que j'éprouvais. Je participais à leurs récitals en appréciant leurs prestations, pas en me produisant moi-même. C'est ainsi que je remarque et éprouve des sensations physiques pendant la pratique de la pleine conscience. Je peux avoir des réactions émotionnelles à ce que je sens, mais j'essaye de ne pas me laisser entraîner par les sensations physiques et mentales au point de m'identifier avec elles et de perdre mon point de vue. Il n'est pas rare que les gens soient perturbés par la position de l'observateur amical et croient devoir se détacher du vécu pour le voir clairement. Mais ce n'est pas le cas.

CE QUE VOUS ENTENDEZ

Ma mère avait l'ouïe d'une chauve-souris. Quand j'étais enfant, je croyais qu'elle avait des superpouvoirs. De sa chambre, elle entendait tourner le bouton de la porte d'entrée quand je rentrais tard le soir. Elle entendait s'ouvrir la porte du freezer dans la cuisine quand je prenais de la glace, par-dessus le vacarme de la télé dans la pièce voisine. Quand mes amies venaient me voir, elle entendait depuis le jardin les chuchotements dans la chambre et les décodait, tout en bavardant avec ma tante Mary. Ma mère aurait fait une espionne exceptionnelle.

Beaucoup de mères ont ce superpouvoir, parce que les parents sont nécessairement plus sensibles aux sons. Les parents s'accordent non seulement aux sons (aux voix, par exemple), mais aussi à leur source (l'endroit d'où ils viennent) et au ton et aux sentiments (ça finira par des larmes). Nous pouvons beaucoup apprendre d'après le sentiment et le ton d'un son. Envisageons trois bruits d'eau : un clapotis sur des rochers moussus au bord d'un lac, le fracas des vagues contre des falaises et le goutte-à-goutte d'un robinet qui fuit. Chaque bruit d'eau suscite des sentiments entièrement différents. Je trouve souvent apaisant le clapotis d'un lac, mais pas toujours. Le rugissement de l'océan est un de mes bruits préférés, mais il m'effraye parfois. Le son d'un robinet qui fuit m'agace, mais il ne dérange pas du tout mes enfants. En pensant à ce que des bruits comme ceux-là suscitent dans votre corps et votre esprit, vous pouvez devenir conscient des liens entre les expériences sensibles, votre réaction à ces expériences, et la façon dont elles se manifestent. Voici un tableau qui aide les enfants à discerner ces liens.

Bruit d'eau	Catégorie de sentiment Agréable, désagréable, neutre	Catégorie réactive Désir, aversion, indifférence	Où et comment il se présente dans le corps et l'esprit
Clapotis sur rochers	Agréable	Désir	Corps détendu, respiration plus profonde, esprit calme, satisfait
Clapotis sur rochers	Agréable	Désir	Esprit en alerte, corps neutre, heureux, excité
Clapotis sur rochers	Désagréable	Aversion	Esprit engourdi, fatigué, mal de tête, sensation d'accablement

Maintenant, jouons à quelques jeux qui aideront les enfants à s'accorder à leurs sens, du point de vue d'un spectateur amical et impartial.

Le jeu du son dans l'espace

Voici une variante de la pratique de conscience du son décrite au chapitre 4, où les enfants écoutent un son qui s'évanouit peu à peu. Quand les enfants n'entendent plus rien, ils lèvent la main. Dans cette variante, je m'assure que chaque enfant a devant lui un tableau et un crayon. J'utilise trois tableaux différents et trois instruments de musique différents. Le nombre d'instruments dépend de l'âge des enfants, et le tableau reflète le nombre d'instruments. Il existe plusieurs variantes. Avec de très jeunes enfants, j'utilise un seul instrument, peut-être le vibraphone. Je le fais résonner plusieurs fois et je leur demande de compter le nombre de tintements. Si les enfants sont plus grands, j'ajoute d'autres instruments, souvent un tambour et des clochettes. Vous pouvez utiliser n'importe quel instrument que vous avez sous la main.

Les mains sur le ventre pour sentir le mouvement du souffle dans le corps, je les guide à travers la séquence suivante : « Respirez, les mains sur le ventre, regardez vos pierres de focalisation (voir page 128), et écoutez les sons. » Je demande aux enfants de faire bien attention au nombre de fois qu'ils entendent chaque son. Après chaque round, les enfants notent sur leurs tableaux combien de fois ils ont entendu chaque son.

Ce jeu peut durer assez longtemps. Rappelez-vous qu'il n'y a ni bonne ni mauvaise réponse ; il s'agit simplement de dire combien de fois

L'ÉVEIL DES SENS

tel enfant *a entendu* la cloche, pas combien de fois elle a *réellement retenti*. Les réponses varient et peuvent vous donner l'occasion de demander aux enfants pourquoi ils n'ont pas entendu la cloche à chaque fois. Leur esprit s'était-il égaré ? Où était leur attention ? Où est-elle à présent ?

1 Combien de fois avez-vous entendu le vibraphone ?

Vibraphone
1
2
3
4
5

2 Combien de fois avez-vous entendu le vibraphone ? Combien de fois avez-vous entendu le tambour ?

Vibraphone	Tambour
1	1
2	2
3	3
4	4
5	5

**3 Combien de fois avez-vous entendu le vibraphone?
Combien de fois avez-vous entendu le tambour?
Combien de fois avez-vous entendu la cloche?**

Vibraphone	Tambour	Cloche
1	1	1
2	2	2
3	3	3
4	4	4
5	5	5

Nous jouons à d'autres jeux pour promouvoir la pleine conscience du son. Un de mes préférés consiste à écouter ce qui se passe naturellement dans l'environnement, où que vous soyez : dans une cafétéria bruyante, dans votre jardin ou dans un magasin, vous pouvez remarquer les sons qui vous entourent tout comme lorsque vous écoutez de la musique. Faites le tri parmi ces sons et choisissez celui qui vous plaît. Au lieu de penser à ce que vous entendez, remarquez les sentiments que cela suscite dans votre esprit et votre corps, détendez-vous et reposez-vous dans ce son jusqu'à ce qu'il s'évanouisse, ou qu'un autre son domine. Si un autre son domine et détourne votre attention du premier, ce n'est pas grave, remarquez simplement ce qui se passe dans votre esprit et votre corps sans vous laisser entraîner, sans analyser. Détendez-vous et savourez l'instant.

J'ai récemment joué à une variante de ce jeu sur la plage avec mon amie Jennifer, qui entrera cette année à l'école maternelle. Jennifer faisait sonner le vibraphone et écoutait, mais au lieu de lui faire lever la main quand le son cessait, je lui demandais de lever la main quand le bruit de l'océan devenait plus fort que le son de la barre.

L'ÉVEIL DES SENS

J'étais assise sur la plage avec sa mère, Stella, et certains de nos amis ; nous sentions notre souffle et nous écoutions Jennifer faire sonner le vibraphone, puis nous attendions que la musique cesse et que le bruit des vagues prenne le dessus. Souriante, Jennifer demanda à rejouer, mais cette fois, à la fin du round, quand la musique s'est évanouie, nous sommes restés assis à écouter le son des vagues se briser sur la plage et à sentir la brise salée sur nos joues.

Jennifer est un peu jeune pour remplir un tableau après avoir joué à ce jeu, mais quand j'y joue avec des enfants plus âgés, je leur demande de faire la liste de tout ce qu'ils ont entendu. S'ils jouent avec des amis, ils comparent ensuite leurs listes, et je souligne qu'il n'y a ni score, ni gagnant, ni perdant. Ce n'est pas une course à celui qui aura entendu le plus de sons. Si l'un des sons déclenche une réaction émotionnelle, j'utilise parfois les tableaux pour aider les enfants à relier ce qu'ils ont entendu aux sentiments déclenchés et à leur réaction à ces sentiments. Je leur demande aussi de me dire où et comment la réaction est apparue dans leur corps et leur esprit. Voici à quoi pourrait ressembler le tableau dressé par un adolescent qui aurait passé du temps à écouter les sons à la cantine de son collège.

Son	Catégorie de sentiment **Agréable, désagréable, neutre**	Catégorie réactive **Désir, aversion, indifférence**	Où et comment il se présente dans le corps et l'esprit
Bavardages	Neutre	Indifférence	Rien remarqué
Sirène	Désagréable	Aversion	En alerte, nerveux, envie que ça s'arrête
Bruit de récréation	Agréable	Attraction	En alerte, avais envie d'aller dehors jouer moi aussi, contrarié de ne pas pouvoir aller jouer dehors

CE QUE VOUS TOUCHEZ

Avez-vous déjà visité une maison hantée où il y avait une boîte noire percée d'un trou assez grand pour que vous y passiez la main mais pas assez pour y laisser entrer la lumière ? En général, ces boîtes sont remplies de nouilles gluantes, de raisins pelés, de Coton-Tige et d'autres objets sensoriellement riches, formidables pour créer une conscience du toucher et de notre réaction au contact des choses. Essayez avec vos enfants en utilisant un des tableaux, et voyez ce qui se passe quand ils touchent quelque chose de visqueux, par exemple : la sensation est-elle agréable, désagréable ou neutre ? Que souhaite faire leur esprit quand ils le touchent ? S'ils touchent un objet visqueux, ont-ils envie de retirer la main ou au contraire de l'y enfoncer ? Et s'ils touchent un objet frais, long et lisse, de la taille de leur paume : la sensation est-elle agréable, désagréable ou neutre ? Le tiennent-ils dans leur main ? Le lâchent-ils bien vite ? Cela leur rappelle-t-il quelque chose ? Voici un tableau à leur distribuer si vous voulez essayer ce jeu.

Description du toucher de l'objet	C'était… agréable ? désagréable ? ni l'un ni l'autre ?	Qu'aviez-vous envie de faire ? .. Continuer à toucher ? Arrêter de toucher ?	Pouvez-vous deviner ce que c'était ?

L'ÉVEIL DES SENS

Il existe un autre jeu de conscience sensorielle qui est un moyen amusant d'aider les enfants à augmenter leur conscience des sensations physiques et mentales, leurs réactions à ces sensations, et ce qui se passe s'ils ne réagissent pas, même si leur élan les y pousserait. Je l'ai appris lors de mon premier cours prénatal.

Le jeu du glaçon qui fond

On distribue à tous les enfants un glaçon dans un bol et une serviette. Ils tiennent le glaçon au creux de la main aussi longtemps que possible, même si ça brûle un peu. Si cela devient trop inconfortable avant que le glaçon fonde, ils peuvent le remettre dans le bol et le reprendre quand ils sont prêts. Tout en tenant le glaçon, les enfants nomment les sensations qu'ils éprouvent (brûlure, froid, piqûre) et les placent mentalement dans l'une des trois catégories (agréable, désagréable, neutre). Au début, la catégorie est presque toujours « désagréable », mais pas trop insupportable. Bientôt, pourtant, la plupart des enfants ressentent la brûlure du froid et la sensation devient de plus en plus dure à tolérer. Puis la sensation évolue. Si les enfants parviennent à tenir bon, leurs paumes s'engourdissent et la brûlure se fait moins intense. D'autres expériences sensorielles apparaissent quand l'eau froide forme une flaque dans leur paume ou leur coule sur les jambes.

Tout au long du processus, divers sentiments et réactions se déclenchent en général dans le corps et l'esprit des enfants. Toutes les expériences — émotions, pensées et sensations physiques — alimenteront ensuite une discussion sur la distinction entre impressions sensorielles, réactions physiques et réactions mentales.

La deuxième fois, on s'intéresse à ce qu'il faut pour *ne pas réagir* à la glace, mentalement et physiquement. L'esprit affecte le corps et vice versa, et les états mentaux et physiques ne coïncident pas toujours, mais ils changent constamment. Après ce round, les enfants plus grands et les adolescents remplissent le tableau pour distinguer entre les expériences sensuelles directes et celles que nous filtrons par le biais des émotions, des pensées et des associations mentales. Voici un tableau montrant comment trois adolescents différents pourraient envisager exactement la même expérience.

Expérience sensorielle directe	Catégorie	Réaction physique	Réaction émotionnelle	Associations
Brûlure du froid	Désagréable	Continuer à tenir la glace	Peur et honte	C'était tellement dur pour moi alors que c'est facile pour les autres, je ne suis qu'un minable
Brûlure du froid	Désagréable	Continuer à tenir la glace	Réussite	Avec un peu de volonté, je suis capable de faire même des choses difficiles
Brûlure du froid	Désagréable	Continuer à tenir la glace	Fierté	Regardez-moi ! Je suis tellement plus résistant que les autres. Je ne peux pas croire qu'ils soient incapables de tenir un glaçon cinq minutes.

L'ÉVEIL DES SENS

Même si je n'exige pas que les enfants ferment les yeux s'ils n'en ont pas envie, certains jeux de conscience sensorielle sont plus amusants ainsi. Demander aux enfants de fermer les yeux pendant un jeu est moins problématique que pendant la méditation, surtout quand le jeu se pratique assis plutôt que couché. En général, les enfants acceptent de fermer les yeux pour ce jeu, et c'est un de ceux que mes élèves d'école primaire préfèrent. Certains aiment même jouer avec un bandeau sur les yeux.

Qu'y a-t-il dans mon dos ?

Les enfants ferment les yeux et mettent les mains derrière le dos, pendant vous placez dans leurs mains de petits objets (gommes, cailloux, canards ou dinosaures en caoutchouc, dés, choses glissantes ou rugueuses). Demandez-leur de décrire le contact de ces objets, à quoi ils ressemblent selon eux, s'ils sont durs ou mous, quelle est leur forme. Quand un enfant a décrit son objet, voyez si les autres peuvent deviner ce que c'est, puis demandez-lui de montrer son objet au groupe. Faites tout le tour jusqu'à ce que chaque enfant ait pu décrire ce qu'il tient. C'est amusant pour eux de décrire les choses, d'entendre les descriptions des autres et de deviner.

CE QUE VOUS VOYEZ

Beaucoup de jeux courants, comme les jeux de mémoire et les puzzles, favorisent la pleine conscience de ce que vous voyez et sont excellents pour encourager l'attention. En voici quelques-uns à pratiquer chez vous.

Le jeu de kim

Prenez toute une série d'objets quotidiens (une balle en caoutchouc, un jeu de cartes, un coquillage, un caillou, etc.), posez-les sur un plateau et recouvrez-les d'un tissu. Donnez à chacun une feuille de papier et un crayon, puis expliquez : il y a X objets courants sur ce plateau, sous le tissu (rappelez aux enfants qu'ils ne doivent pas regarder avant que tout soit recouvert). Soulevez le tissu pendant dix secondes. 1-2-3-4-5-6-7-8-9-10. Recouvrez le plateau et voyez de combien d'objets les enfants peuvent se souvenir. Demandez-leur d'ouvrir les yeux et de noter le nom des objets qu'ils croient avoir vus, puis montrez-leur les objets pour qu'ils puissent comparer leur liste à la réalité.

Le jeu suivant révèle l'architecte et décorateur qui sommeille en chacun de nous. Demandez aux enfants de dessiner tous ce qu'ils se rappellent d'un endroit particulier. Ce peut être une chambre, un bureau, une bibliothèque, un jardin, tout ce qu'on veut.

Dessinez votre chambre

Prenez une feuille de papier et dessinez votre chambre de mémoire (pas de tricherie). Bravo ! Maintenant allez dans votre chambre, regardez-la et complétez les lacunes. Prêtez attention à ce que vous avez dessiné de mémoire et à ce que vous avez ajouté ensuite. C'est étonnant le nombre de détails qu'on néglige ou qu'on oublie, même dans des lieux bien connus.

L'ÉVEIL DES SENS

LA CONSCIENCE DE VOTRE CORPS COMME TOTALITÉ

Les activités de conscience sensorielle qui précèdent vont de l'alimentation en pleine conscience, où les enfants prêtent attention aux informations venant par toutes les portes sensorielles à la fois, aux jeux comme le Son dans l'espace, où les enfants se focalisent sur une impression sensorielle unique. La pratique suivante vise à renforcer la conscience de tout le corps. Il s'agit de visualiser toutes les étoiles du ciel, une pour chaque habitant de la Terre. On peut y jouer assis ou couché, et les enfants commencent par prêter attention à la sensation de leur respiration qui entre et sort de leur corps. Une fois qu'ils se reposent dans leur souffle, je commence à parler de ces étoiles imaginaires.

L'étoile spéciale

Tout le monde a son étoile à soi, une étoile qui vous accompagne tout le temps. Comme une ombre, votre étoile spéciale reste avec vous quand vous mangez, dormez, jouez ou vous amusez. Mais contrairement à votre ombre, votre étoile est porteuse de lumière, pas d'obscurité. Votre étoile vous suit à l'école, à l'entraînement de foot ou de karaté, quand vous allez jouer chez des copains, puis quand vous revenez à la maison. Cette étoile est à vous seul.

À quoi ressemble-t-elle ? À ce que vous voulez. Elle peut être de la forme, de la taille et de la couleur qui vous plaît ; elle peut être en soie, en fourrure, en ouate. Voyez si vous pouvez imaginer une étoile qui vous fait sourire en y pensant. Elle peut être brillante, douce, à pois. De toute façon, elle n'est qu'à vous.

Comme tout le reste, votre étoile peut changer. Elle peut être grande un jour, petite le lendemain, chaude un jour, froide le lendemain. À vous de décider. Mais quel que soit son aspect, il est rassurant de savoir qu'elle est toujours là.

Imaginez maintenant que votre étoile est dans le ciel, en ce moment, et que vous pouvez sentir sa chaude lumière sur votre corps. Imaginez ce que ressent votre peau lorsqu'elle baigne dans la chaleur de votre étoile personnelle. Sentez la chaleur en haut de votre crâne, sur votre front, vos oreilles, vos joues, votre nez, tout votre visage, même votre cou. Maintenant, laissez lentement la sensation de chaude lumière descendre sur vos épaules et s'étendre pour inclure votre poitrine, vos bras, vos mains et vos doigts. À présent la chaleur se déplace vers le bas de votre corps, elle réchauffe vos cuisses, vos jambes, vos pieds et vos orteils. Waouh ! C'est génial de se reposer et d'être soi.

Maintenant, une dernière fois, imaginons que nous voyons nos étoiles et que nous sentons leur chaleur qui recouvre tout notre corps comme une couverture douillette. Imaginons vraiment à quoi ressemble et ce qu'on ressent. Maintenant imaginons que la chaleur de votre étoile est comme une couverture qui tombe doucement sur votre peau ; elle détend tout votre corps pour que vous puissiez vous reposer.

FAIRE DE LA MUSIQUE ENSEMBLE ET DIRIGER UN ORCHESTRE DE PLEINE CONSCIENCE

Les enfants de tous les âges sont naturellement doués pour les percussions, et ils adorent jouer du tambour sur des instruments improvisés. Les tout-petits frappent sur le plateau de leur chaise haute, les ados se servent des couverts pour donner un rythme à la table du dîner. Les casseroles, les poêles et les saladiers en bois sont autant d'outils pour la créativité de votre enfant. Avec un peu d'ingéniosité, vous pouvez transformer vos placards de cuisine en un trésor d'instruments improvisés, et voir vos enfants se transformer en bassistes dignes des meilleurs groupes. Jouez les chansons qui vous plaisent et marquez le rythme avec eux, ou faites des percussions ensemble sans aucune musique. Suivre le rythme les uns des autres, s'accorder les uns aux autres et à la musique, voilà autant d'activités qui favorisent l'écoute en pleine conscience.

Si vous êtes le chef de l'orchestre de la pleine conscience, rappelez-vous que ces séances d'improvisation peuvent vite basculer dans l'anarchie. Pour éviter ça :

* marquez toujours le rythme ;
* structurez l'activitém ;
* ménagez des pauses de silence ;
* mettez fin à la chanson si l'activité devient plus frénétique que régulière et si vous ne pouvez pas la canaliser.

Quand vous avez fini de faire des percussions, quand tout le monde a bien ri, reposez-vous dans le silence nouveau, écoutez monter et descendre votre respiration. En tant que parent ou enseignant, vous n'avez pas à prononcer les mots *méditation* ou *pleine conscience*, même une seule fois, mais si vous suivez ces directives simples, un sentiment d'harmonie en pleine conscience apparaît souvent dans la pièce à la fin de l'activité, une harmonie les uns avec les autres et avec la musique. C'est un peu comme si la pleine conscience était venue d'elle-même.

Les pratiques de conscience sensorielle peuvent être amusantes sans exiger beaucoup de temps ni de matériel. Il y a toujours dans votre cuisine ou votre salle de bain des choses riches en informations sensorielles : haricots, lentilles, noix, cacahuètes, petits pois surgelés, amandes effilées, ouate, mousse à raser, tout cela se prête très bien à ces jeux.

Trier les haricots les yeux fermés

La prochaine fois que vous serez coincés chez vous par un après-midi pluvieux, ouvrez un placard de votre cuisine et tirez-en quelques paquets de haricots. Une poignée de haricots rouges, de haricots noirs ou de lentilles fera l'affaire. Si vous avez des petits pois au congélateur, vous pouvez aussi les utiliser. Placez-en quelques variétés dans un saladier, recouvrez-le d'une serviette et posez-le sur la table avec quatre bols vides. Maintenant vous êtes prêts à jouer. D'habitude nous trions les choses selon leur apparence, mais pour ce jeu nous allons les trier selon leur toucher.

Demandez aux enfants de fermer les yeux, ou bandez-leur les yeux. Enlevez ensuite la serviette du saladier et placez-le devant eux. Aidez-les à prendre les haricots ou les pois un par un. Faites-les rouler entre vos

L'ÉVEIL DES SENS

doigts, comparez-les en décrivant leur toucher, placez les légumes dans différents bols, selon leur catégorie (un bol pour les gros haricots, un bol pour les petits, un bol pour les longs, un bol pour les pois surgelés). Comme les enfants ne voient rien, ils devront vous dire dans quel bol vous devez ranger chaque légume. Par exemple, les ronds et froids dans un bol (les petits pois), les longs et durs dans un autre. Les minuscules sont les lentilles, dans un troisième bol. Quand tout a été trié, demandez aux enfants d'identifier les légumes. Enlevez les bandeaux et vérifiez. Vous pouvez ensuite évoquer à quel point nous nous fions à nos sens : nous comptons en général sur notre vue, mais quand on nous en prive, nous pouvons aussi apprendre beaucoup de choses par le biais de nos autres sens.

DES OUTILS POUR RENFORCER LA CONSCIENCE

Les enfants peuvent savoir ce qui se passe dans leur monde interne et externe en prêtant attention aux informations qui leur parviennent par leurs portes sensorielles. Le Cervomètre leur offre un moyen amusant de communiquer ce qui se passe dans leur esprit et leur corps, sans avoir besoin de mettre en mots ce qu'ils remarquent.

CERVOMÈTRE

Vous pouvez photocopier ce « Cervomètre » et colorier les visages en différentes couleurs pour jouer au jeu du Cervomètre, dans lequel les enfants répondent à des questions en désignant le triangle qui correspond le mieux à ce qu'ils éprouvent. Le but du jeu est d'aider les enfants à formuler des observations et à décrire leur expérience de l'instant présent. Parce qu'ils décrivent simplement ce qu'ils ressentent, il n'y a ni bonne ni mauvaise réponse, du moment qu'ils sont respectueux des autres et d'eux-mêmes. Quand je travaille avec de jeunes enfants, je commence en général par leur demander s'ils trouvent facile ou difficile de rester assis sans bouger. Voici comment je procède :

Je vais vous poser une question et vous désignerez sur le Cervomètre le triangle coloré qui correspond le mieux à ce que vous ressentez en ce moment. Attendez bien que j'aie dit « Partez ! ». Voici la question : trouvez-vous facile ou difficile de rester assis sans bouger en ce moment ? Si vous avez du mal, vous montrerez le triangle rouge ; si ça ne vous coûte aucun effort, le triangle bleu ; si ce n'est ni difficile ni facile mais entre les deux, le triangle jaune. « Attention, prêts, partez ! »

Les enfants se laissent aisément distraire. Il n'est pas rare qu'ils regardent le triangle qu'ont désigné leurs amis avant de répondre eux-mêmes, pour être sûrs qu'ils ont bien compris le jeu. Dire « Attention, prêts, partez ! » ou « Trois, deux, un, zéro ! » pour démarrer permet d'éviter ce problème. Le jeu développe chez les enfants la conscience de ce que leur dit leur corps à travers des signaux comme la fatigue, la raideur, la douleur et la faim. Il me donne aussi l'occasion de les encourager à être à l'écoute de leur corps.

Le Cervomètre a plusieurs autres applications très concrètes, notamment en me renseignant sur ce que ressentent les enfants avec lesquels je travaille. Il suffit d'une question sur le Cervomètre pour que je sache s'ils ont du mal à se tenir tranquilles (auquel cas il est temps de passer à un jeu plus physique). En encourageant les enfants à regarder les réponses des autres, ils se rendent compte que leurs impressions n'ont rien d'unique. Ils ne sont pas seuls à s'ennuyer, à se sentir mal à l'aise, ou stupides.

J'utilise le Cervomètre pour favoriser la conscience des états du corps et de l'esprit, et je choisis mes questions selon la qualité que j'espère encourager, ou l'expérience que j'espère faire mieux comprendre. Par exemple, si je pense qu'un enfant est grognon parce qu'il a faim, je demande : « Ton ventre se sent plein, vide ou à l'aise ? » Voici quelques questions visant à promouvoir certaines qualités spécifiques que favorise la pleine conscience.

Pour susciter la conscience de...	Demandez...
L'attention	Es-tu concentré, distrait ou entre les deux?
	Tu trouves facile de faire attention, difficile ou entre les deux?
La clarté	Tu te sens confus, clair ou entre les deux?
La clarté	Faire telle chose (rester assis, faire un devoir de maths) te paraît facile, difficile ou entre les deux?
La patience	Tu te sens patient, impatient ou entre les deux?
L'amitié	Tu as envie d'être amical, pas du tout envie ou entre les deux?
L'interconnexion	Tu te sens seul, membre d'une communauté ou entre les deux?
L'adaptabilité	Tu te sens intéressé, pas du tout intéressé ou entre les deux?
La vivacité	Tu te sens endormi, plein d'énergie ou entre les deux?
Le bien-être physique	Tu trouves facile de rester assis, difficile ou entre les deux?
La relaxation	Tu te sens tendu, détendu ou entre les deux?

LA PLEINE CONSCIENCE ENSEMBLE :
POUCE LEVÉ, POUCE BAISSÉ OU POUCE HORIZONTAL

Vous n'avez pas besoin d'un Cervomètre pour jouer à ce jeu chez vous avec vos enfants ou dans une classe. On peut aussi répondre aux mêmes questions par des gestes : pouce levé, pouce baissé ou pouce horizontal. Comme le Cervomètre, ces gestes peuvent aider les enfants à devenir conscients de ce qui se passe dans leur esprit et dans leur corps, et à le communiquer de manière non verbale. Par exemple, si vous leur demandez s'ils ont du mal à rester assis, au lieu de répondre en désignant les triangles colorés qui correspondent mieux à leurs sentiments, ils lèvent le pouce s'ils trouvent cela facile, ils baissent le pouce s'ils ont du mal et le mettent à l'horizontale s'ils se situent entre les deux extrêmes.

IL Y A BEAUCOUP DE CONFUSION SUR LA NOTION DE PRÉSENT

Un autre objectif du jeu du Cervomètre est d'aider les enfants à mieux comprendre leur expérience présente, surtout ce qui se passe à l'instant dans leur esprit et leur corps. J'utilise aussi le jeu du Bonjour à cette fin.

Le jeu du bonjour – qu'est-ce qui passe en ce moment par vos sens ?

Dans cette version du jeu du Bonjour, nous faisons le tour du cercle, nous nous tournons vers notre voisin, établissons un contact visuel et

L'ÉVEIL DES SENS

> disons « Bonjour ». Pour souligner la conscience du corps, utilisez une salutation qui met en lumière les impressions sensorielles, qui identifie une sensation corporelle sans la qualifier de bonne ou de mauvaise. Par exemple, « Bonjour, j'ai mal aux épaules » ou « Bonjour, j'ai froid aux pieds ».
>
> Vous pouvez aussi demander à un enfant de dire « Bonjour » puis d'identifier une impression qui passe par l'un de ses sens, comme « Bonjour, mes chaussettes sont douces », « Bonjour, je vois un globe terrestre dans un coin de la pièce », « Bonjour, je sens le gâteau qui cuit dans le four », « Bonjour, je sens le goût de menthe de mon chewing-gum » ou « Bonjour, j'entends le bruit de la chaudière dans la pièce d'à côté ».
>
> Comme le jeu du Cervomètre, le but est d'identifier une impression sensorielle et de la décrire. Quand nous disons « Bonjour » à tour de rôle, les enfants analysent souvent leur expérience, sans en prendre conscience, comme quand on dit « Bonjour, ce poster sur le mur est sympa ». Ces commentaires sont une excellente occasion de souligner que des opinions que nous n'avions même pas conscience d'avoir peuvent se glisser dans ce que nous faisons et disons, et vous pouvez suggérer à l'enfant de décrire à nouveau le poster en langage neutre. Il peut alors dire « Je vois sur le mur le poster d'un chanteur de rock ».

Ce point peut paraître mineur, mais je trouve ces exercices utiles pour aider les enfants à apprendre à observer et à décrire objectivement l'expérience de l'instant présent avant de tirer la moindre conclusion. C'est une occasion de rappeler aux enfants qu'il est important d'avoir un jugement sain, en relation avec une vision claire. Pour que les enfants et adolescents voient clairement, ils doivent être conscients de leurs propres opinions et distinguer entre opinion et description.

Certains pensent que se concentrer sur l'instant présent, c'est ignorer le passé et l'avenir, mais pas du tout. Tout ce qui conduit à cet instant-ci fait partie du présent. Nos buts, nos attentes et nos craintes pour l'avenir font aussi partie du présent. Je ne peux pas plus déloger de moi mon enfance que je ne peux déloger les os de mon corps. Mon expérience passée influe sur ce que je fais maintenant. Ce que j'espère voir se produire (ou non) dans l'avenir influe sur ce que je fais maintenant.

Attention, je ne suis pas en train de penser au passé ni à l'avenir alors que j'écris ceci. Et je n'y penserai pas davantage quand je méditerai, tout à l'heure. Mais cela ne signifie pas que l'expérience passée et les attentes futures n'influencent pas mon vécu présent. Je n'ai pas besoin de penser à une chose pour qu'elle modèle ma perspective.

La plupart des enfants et adolescents comprennent intuitivement que le passé, le présent et l'avenir sont naturellement entrelacés. Les collégiens et les lycéens savent que ce qu'ils font maintenant aura un effet sur ce qui adviendra ensuite : l'action présente et les espoirs futurs sont liés à ce qu'ils ont dit ou fait auparavant. Les adolescents n'ont guère besoin d'y penser ; ils en sont déjà conscients parce que, lorsqu'ils arrivent au lycée, ils ont pour la plupart appris à leurs dépens que les actes ont des conséquences. Ils comprennent que si un examen approche (dans l'avenir), il est important d'étudier (maintenant), et ils savent comment étudier (maintenant) parce qu'ils ont étudié pour bien d'autres devoirs tout au long de leur parcours scolaire (dans le passé). Autrement dit, s'ils n'étudient pas maintenant les notes prises en classe hier, ils rateront le devoir de demain.

Mal comprendre la notion de présent peut vite entraîner un sentiment de désespoir. Si les enfants voient ce qui se passe aujourd'hui comme distinct de l'expérience passée et future, ils peuvent croire que ce qu'ils disent ou font n'a guère d'importance. C'est compréhensible, mais cela va à l'encontre des deux bases de la pratique de la pleine conscience : tous les actes ont des conséquences et tout change. Si notre vision du monde est régie par une compréhension viscérale de l'interdépendance et de l'impermanence, chaque moment compte, sans exception.

LA PLEINE CONSCIENCE ENSEMBLE : ÉCOUTER CE QUE NOTRE CORPS TENTE DE NOUS DIRE

La nature de l'esprit est claire et sensible à chaque expérience qui surgit en nous et autour de nous. Mais cette clarté et cette sensibilité fondamentales peuvent être dissimulées par des pensées, des émotions et des projections. Imaginez que, par une chaude nuit d'été, vous contemplez un ciel indigo semé d'étoiles scintillantes, de lunes et de planètes à perte de vue. À présent, imaginez que vous regardez un ciel nuageux. Les planètes et les étoiles sont toujours là, mais vous ne les voyez plus. La vaste étendue du ciel est toujours en nous. La méditation peut ôter les couches de bric-à-brac mental qui obscurcissent la clarté naturelle de notre esprit.

Rester assis en tailleur sur un coussin pour un certain temps est une des nombreuses manières de méditer. Mais il y a aussi d'autres méthodes moins formelles. On peut comprendre les choses grâce à un éclair de lucidité tout en faisant le ménage. Pour pratiquer la méditation au beau milieu du quotidien, il faut savourer ce qui se passe dans l'instant présent, sans y réfléchir trop. Cela suppose en général un changement de perspective.

Pour organiser efficacement le covoiturage, les rendez-vous médicaux, les réunions, les devoirs à la maison, les activités extrascolaires et les mille autres ingrédients d'une vie de famille, les parents adoptent souvent un état d'esprit semblable à celui des commandants militaires qui se focalisent sur la logistique, à l'opposé de l'esprit ouvert et sensible de la méditation. Passer d'un esprit logistique à un esprit non conceptuel n'est pas facile et, pour qui n'a pas l'habitude de méditer, peut être une source de déception. Il y a néanmoins plusieurs manières de combler l'écart et de favoriser la transition. Je ne souhaite surtout pas que les parents se croient incapables de méditer parce que leur esprit n'est pas toujours serein lorsqu'ils méditent. Je les encourage donc à écouter de la musique, à siroter une tasse de thé, à prendre un bain chaud ou à se promener dans le jardin avant de se mettre à méditer. Voici une suggestion que vous pourrez essayer chez vous.

Avant de commencer, vérifier l'heure qu'il est. Peu importe de combien de temps vous disposez : que vous ayez cinq minutes, une demi-heure ou davantage, c'est assez pour pratiquer la pleine conscience. S'il y a une chose que vous êtes obligé de faire à une heure précise, vous pouvez régler une alarme. J'utilise pour cela mon téléphone et je choisis comme sonnerie le chant des grillons.

Préparez-vous une tasse de thé bien chaud avant de méditer. En attendant que l'eau soit bouillante, asseyez-vous dans un bon fauteuil et détendez-vous. Essayez d'oublier un moment la logistique ; profitez-en plutôt pour faire quelque chose d'agréable, comme écouter de la musique ou feuilleter un livre, un magazine ou un album de photos. Quoi que vous fassiez, *ne passez pas* ce temps à des corvées. Accordez-vous ces quelques minutes, s'il vous plaît, et reposez-vous. Si des pensées vous viennent à l'esprit sur des choses que vous devez faire ou devriez être en train de faire, ne vous y accrochez pas. Vous pourrez y penser plus tard ; pour le moment, l'objectif est de cesser de penser et d'analyser la vie pour la ressentir et la vivre.

Une fois votre thé prêt, asseyez-vous calmement et tenez la tasse entre vos mains. Comment sentez-vous la chaleur de la céramique contre vos paumes ? Respirez profondément et détendez-vous. Voyez si vous pouvez boire votre thé lentement, sans précipitation, et remarquez les pensées, émotions et sensations physiques qui vous viennent à l'esprit tout en sirotant.

Une énorme quantité d'informations sur le monde extérieur nous est accessible dès que nous prêtons attention à ce qui entre par nos portes sensorielles. En buvant votre thé, songez à ce que votre corps essaye peut-être de vous dire. Sentez-vous des tensions dans votre corps ? Quand vous prenez le temps de vous détendre, cela change-t-il ce que votre corps ressent ? Est-ce agréable, désagréable ou neutre ? Les caractéristiques de votre corps ou de votre esprit changent-elles quand vous prenez du temps pour savourer une tasse de thé en pleine conscience ?

Voyez si vous pouvez boire votre thé sans regarder l'heure. Si la sonnerie retentit avant que vous ayez eu le temps de méditer, félicitations ! Siroter votre thé en pleine conscience est en soi une forme de méditation. Du point de vue de la pleine conscience, appliquer la conscience aux sensations de votre corps et de votre esprit quand vous buvez votre thé, à mesure qu'elles arrivent et sans avoir besoin de leur donner un nom, est une pratique de conscience sensorielle. Ralentir pour boire du thé aide à construire notre capacité à remarquer l'information sur le monde extérieur qui entre dans notre esprit par les portes sensorielles de notre corps.

Si vous avez encore du temps, refermons cette pratique de la pleine conscience par la simple conscience du souffle et du corps. Placez votre thé sur une table, asseyez-vous bien, posez les mains sur vos genoux, les pieds à plat sur le sol, le dos droit, le menton rentré, les yeux doucement baissés, ou fermés, selon ce qui est le plus confortable pour vous. Observez brièvement votre corps et si vous sentez le moindre inconfort ou la moindre tension, vous pouvez changer de posture pour être plus à l'aise. S'il vous est impossible d'être à l'aise quand vous vous asseyez bien droit, allongez-vous sur le dos, les yeux fermés. Quelle que soit la position, assise ou couchée, dès que vous êtes physiquement à l'aise, installez-vous dans la sensation de votre souffle qui se déplace à travers votre corps.

Je vous encourage à prendre le temps qu'il vous reste pour vous reposer en pleine conscience. Inspirez et détendez-vous. Expirez et relâchez toutes les tensions dans votre corps et votre esprit. Voyez si vous pouvez maintenir votre esprit focalisé sur la sensation du mouvement de votre souffle dans votre corps. Inspirez, expirez, remarquez ces actes simples qui sont la base de notre vie.

LA PLEINE CONSCIENCE ENSEMBLE

Maintenant que vous avez pratiqué seul la conscience sensorielle en sirotant votre tasse de thé en pleine conscience, vous pouvez pratiquer quelque chose de similaire avec vos enfants. Par exemple, vous pouvez ensemble déguster un chocolat chaud en pleine conscience. Vous pouvez leur demander s'ils aiment sentir contre leurs paumes la chaleur de la tasse. Décrivez ce que sentent vos paumes. Si de la fumée monte du lait, penchez-vous pour voir si vous la sentez sur votre nez, vos joues, votre front, et encouragez vos enfants à en faire autant. Si en buvant ainsi un chocolat chaud ensemble, vous vous sentez détendu et heureux, vous pouvez également le dire. Si vous voulez, vous pouvez parler de pleine conscience, mais il n'est pas du tout nécessaire d'en parler. Peu importe le nom que vous attribuez à ce que vous faites. Quel que soit le nom, aider vos enfants à devenir plus conscients des informations venant du monde extérieur par leurs portes sensorielles, et prendre du temps pour en faire l'expérience, c'est pratiquer la pleine conscience ensemble.

*J'aimerais n'avoir aucun problème
J'aimerais être au collège
J'aimerais avoir une sœur
J'aimerais que tous mes vœux soient exaucés.*

Un élève de CM2

7
La liberté émotionnelle

Quand Gabe avait dix ans et Allegra douze, j'ai pensé qu'une bonne sortie en famille consisterait à les emmener assister à une cérémonie bouddhiste. Le but n'était pas vraiment d'enseigner à mes enfants les croyances et les coutumes bouddhistes. C'était une belle journée d'hiver, et je n'avais moi-même jamais assisté à une cérémonie dite de libération de vie – même si j'avais lu des choses à ce sujet – et nous étions curieux, Seth et moi. Nous avons donc pris la voiture et sommes allés à Marina del Rey.

Cette cérémonie mensuelle de libération des poissons, pour la libération de tous les êtres, était soutenue par le Karma Kagyu Study Groupe de Los Angeles, organisme affilié à un lama tibétain habitant New York. Les participants se réunissaient dans un magasin de poissons-appâts pour acheter les poissons nécessaires, à moitié prix. Quelque trente-cinq participants ont acheté des milliers de sardines et d'anchois que les pêcheurs utilisaient normalement comme appâts. Nous avons déboursé 20 dollars pour un seau d'eau rempli de poissons et une louche. Notre contribution n'était (pardon pour ce jeu de mots involontaire) qu'une goutte d'eau par rapport aux autres qui avaient acheté pour 1 000 dollars de tonneaux de poissons aux vendeurs amusés.

Nous avons attendu sur les quais l'arrivée des lamas qui devaient diriger la cérémonie et chanter les prières. Le cadre était beau, les enfants étaient enthousiastes, et nous étions touchés par le rassemblement d'individus de tous âges, de toutes tailles et de toutes couleurs, venus ce jour-là célébrer la vie et la liberté. La liberté est une valeur fondamentale des traditions judéo-chrétiennes dans lesquelles nous avons grandi, et il semblait bon que notre famille se joigne à leur prolongement dans la cérémonie bouddhiste de libération de la vie. Tout en réfléchissant à ces concepts, au milieu de notre famille et de nouveaux amis, nous avons remarqué, Seth et moi, deux pêcheurs qui attendaient, leur ligne prête. Nous n'avons rien dit aux enfants, mais nous avons compris qu'ils restaient près de nous dans l'espoir d'attraper les gros poissons – flétans, bars et barracudas – qui afflueraient dès que nous aurions relâché nos poissons-appâts.

Bientôt, cinq moines en robe safran et sandales sont arrivés et ont ouvert la cérémonie en psalmodiant « *Om mani padme hum* », chant de compassion tibétain. Allegra, Seth, Gabe et moi, nous nous sommes relayés pour plonger la louche dans le seau en métal et libérer les poissons dans le port. D'autres participants, qui avaient acheté pour des centaines de dollars de poissons, puisaient les leurs dans un grand bassin à l'arrière du dock. Des milliers et des milliers de poissons furent libérés ce matin-là dans un esprit de liberté.

Gabe et Allegra avaient maintenant eux aussi remarqué les pêcheurs qui, au bout du quai, préparaient leur hameçon pour prendre les gros poissons venus de l'océan gober les petits que nous avions libérés. J'espérais encore qu'ils percevraient la cérémonie comme nous, comme un moyen d'approfondir notre appréciation de la vie et de la liberté. Et même si deux pêcheurs utilisaient les poissons libérés pour attraper leur déjeuner, cette note d'ironie ne gâcherait pas le symbolisme. En tant que parents, nous exposons nos enfants à des expériences culturelles dans l'espoir qu'elles élargiront leur horizon et les aideront à voir le monde sous un angle neuf. Parfois, nous savons immédiatement si ça marche. D'autres fois, nous n'en sommes pas sûrs, et nous craignons un échec retentissant.

Ce jour-là, nous ne savions pas trop qu'en penser. Tout à coup, quelqu'un nous héla, un barbu muni d'un crayon et d'un bloc-notes, qui montait l'escalier en courant et nous demandait si nous avions un instant à lui accorder. C'était un journaliste du *Los Angeles Times* venu couvrir la cérémonie de libération des poissons. Il voulait demander à Gabe et Allegra leurs impressions sur la cérémonie. Regardant cet inconnu dans les yeux avec une expression ambiguë, Gabe expliqua : « On se sent bien quand on libère des êtres vivants. » Et Allegra renchérit : « C'est comme une deuxième chance. Si je me fais capturer, j'espère que des bouddhistes me libéreront. »

Avec ou sans pêcheurs, ils avaient compris le message.

Libérer les coccinelles

Vous pouvez pratiquer votre propre cérémonie de libération de vie avec une boîte pleine de coccinelles ou de grillons achetés dans une animalerie. Réunissez les enfants et dites aux petites bêtes que vous espérez qu'elles vont à nouveau connaître la liberté. Ouvrez la boîte, laissez-les s'en aller et regardez-les partir chacune de son côté dans l'herbe. Vous pouvez leur envoyer des vœux généreux, en leur souhaitant d'être heureuses, en bonne santé, en sécurité et en paix. Peu importe si la moitié d'entre elles sont dévorées par les oiseaux en quelques minutes. Ce qui compte, c'est que vous les ayez libérées.

LA CONSCIENCE DES PENSÉES, DES ÉMOTIONS, ET COMMENT NOUS Y RÉAGISSONS

Tout comme nous libérons des coccinelles et des poissons, nous pouvons libérer notre esprit grâce à certaines techniques de pleine conscience. Dans notre quête de liberté psychologique, nous pouvons à nouveau convoquer l'observateur amical et nous appliquons notre conscience aux pensées et émotions, et aux réactions qu'elles suscitent. Nous vivons l'activité dans notre esprit, avec enthousiasme et implication, mais sans nous laisser entraîner dans les histoires qui accompagnent souvent ces émotions. Cela peut être difficile, surtout si nous nous identifions trop à nos pensées et émotions. Le Dr Jeffrey Schwartz, dans son livre *Dear Patrick*, l'explique à un adolescent dont il fut le mentor à la fin des années 1990 :

Regarde ta main. Pendant que tu la regardes, serre le poing.
Maintenant, dirais-tu « Je suis serré » ? Bien sûr que non. C'est ton poing qui est serré. C'est toi qui as décidé de le serrer.
Maintenant « regarde » ton humeur, c'est-à-dire, prends-la en note mentalement.
Je parie que tu penseras aussitôt quelque chose comme « Je suis heureux », « Je suis triste », « Je suis agité », « Je suis agacé », selon ton humeur du moment. Mais j'ai une nouvelle pour toi : le fait même que tu puisses observer ton humeur et la décrire – tout comme ta main – signifie que tu n'es pas elle. Rappelle-toi cela, car c'est essentiel : si tu peux l'observer et la décrire, elle n'est pas toi, elle n'est pas le toi central, le toi réel…[47]

Les pensées et les émotions font partie de qui nous sommes, mais elles ne sont pas l'ensemble du tableau. Elles sont un reflet de l'activité dynamique qui se produit naturellement dans notre esprit, elles vont et viennent et finissent par disparaître.

À mesure qu'ils grandissent et en viennent à maîtriser suffisamment leur attention pour voir clairement leurs pensées et émotions, les enfants commencent à comprendre ce qui se passe dans leur esprit. Avec une faculté d'attention solide et stable, il devient possible pour eux de vivre leurs émotions à mesure qu'elles se produisent et de garder leur calme si elles entraînent des réactions douloureuses. La posture de l'observateur amical décourage les ados et préados de s'identifier trop à leurs pensées et émotions, et les encourage à voir leurs sentiments différemment. Au lieu de penser « Je suis en colère », l'observateur amical voit « J'ai un sentiment de colère ». Dans *Dear Patrick*, Schwartz définit cela comme le fait de comprendre la différence entre « mon cerveau et moi ». Faire une distinction nuancée entre « mon cerveau et moi » ou entre « mon corps et moi » peut être difficile et exige un degré de maturité que certains enfants n'ont pas encore acquis, mais c'est un exercice utile.

LA CONSCIENCE DES PENSÉES

Voici quelques jeux et activités qui encouragent les enfants plus âgés et les adolescents à appliquer une conscience bienveillante à leurs pensées. Comment observer son esprit, pas seulement pendant la méditation mais tout le long de la journée, voilà une tâche difficile à expliquer, mais la chanson de John Lennon « Watching the Wheels » peut nous aider. Lennon l'a écrite pour évoquer les six années pendant lesquelles il a rompu avec l'industrie du disque, vers la fin des années 1970. « Les gens disent que je suis fou, que je perds ma vie à rêver », et il explique qu'il passe désormais son temps à regarder les roues tourner. Il ne monte plus sur le manège de chevaux de bois, il a été obligé de le laisser tourner sans lui.

Quand je chante cette chanson avec des enfants, je change les paroles de la fin pour dire « je le regarde juste tourner ». Je leur demande s'ils ont déjà vu un hamster tourner dans une roue. La plupart répondent que oui. Puis je leur demande s'ils ont parfois l'impression d'avoir un hamster dans la tête, quand les pensées et les émotions tournoient dans leur esprit comme un hamster dans une roue. La plupart des enfants répondent que oui, et que John Lennon avait sans doute connu cette sensation lui aussi. Nous parlons de ce que peut vouloir dire « J'aime regarder tourner les roues » : cela n'est pas la même chose que de se laisser entraîner dans le tourbillon de la vie. Cette chanson a servi de tremplin à de nombreuses discussions animées sur le stress, le matérialisme, les différents manèges sur lesquels les enfants tournent, les moyens d'en descendre. Les élèves remarquent que la gloire et la fortune peuvent devenir des esclavages. En feuilletant les magazines, les adolescents voient que certaines libertés fondamentales qui leur semblent aller de soi – manger de la glace sans s'arrêter, aller acheter une brique de lait en vêtements crasseux, les cheveux gras – sont interdites aux célébrités. Ils ont de l'empathie pour la vie qu'a menée John Lennon et que mènent les gens comme lui.

La chaîne de singes

Il existe un jeu pour enfants qui s'appelle le Tonneau de singes ; c'est un tonneau en plastique rempli de petits singes multicolores que j'utilise quand je pratique la pleine conscience avec des enfants. Les bras des singes sont comme des crochets, si bien qu'on peut fabriquer

LA LIBERTÉ ÉMOTIONNELLE

une chaîne de singes en les accrochant par les bras. C'est un moyen amusant de montrer comment nous nous relions à nos pensées et émotions durant la pratique introspective.

Ensuite, je demande aux enfants ce qui les a distraits pendant la pratique de la pleine conscience du souffle ou pendant la Marche lente et silencieuse. Les enfants répondent à tour de rôle, et chaque fois que l'un d'eux mentionne une pensée, une émotion ou une sensation physique, je sors du tonneau un singe qui représente cette source de distraction et je l'attache à la chaîne.

En ajoutant singe après singe, je souligne que, lorsqu'on pratique la pleine conscience de la respiration, aucun singe (ou distraction) n'a plus d'importance qu'un autre, et que nous les traitons tous de la même manière. Quel que soit son contenu, chaque pensée est une distraction, chaque émotion est une distraction. Je demande : « Que faisons-nous des distractions quand nous les remarquons ? » Vient alors le moment que les enfants préfèrent. Ils crient « On les laisse partir » ou « On les jette à la poubelle » et je lâche la chaîne de singes qui retombe bruyamment dans le tonneau avant que nous recommencions tout.

Le jeu du bonjour – qu'est-ce qui entre et sort de ton esprit en ce moment ?

Dans cette version du jeu du Bonjour, nous faisons le tour du cercle (ou de la table du repas), nous nous tournons vers notre voisin, nous établissons un contact visuel et nous disons « Bonjour ». Puis nous mentionnons une chose à laquelle nous sommes en train de penser. Pour renforcer la conscience de ces distractions fréquentes, et pour montrer que notre esprit s'égare souvent dans le passé ou le présent, je demande aux enfants de ranger ce à quoi ils pensent dans l'une des trois catégories, passé, présent ou avenir. Par exemple, vous pouvez établir le contact visuel avec votre fille et dire : « Bonjour, je pense à ta fête d'anniversaire en ce moment. » Elle répond : « Coucou, Maman, moi aussi je pense à mon anniversaire, maintenant que tu en parles. » L'étape suivante consiste à déterminer si nous pensons à quelque chose du passé, du présent ou de l'avenir. On peut répéter le jeu avec la conscience des émotions plutôt que des pensées ; dans ce cas, vous dites bonjour et vous annoncez ce que vous ressentez en ce moment. Avec un peu d'ingéniosité, il y a une infinité de sujets que vous pouvez aborder et qui enseigneront des leçons importantes.

ÊTRE CONSCIENTS DE NOS COMPORTEMENTS AUTOMATIQUES

Peu de choses limitent notre liberté psychologique, physique et émotionnelle autant que les habitudes de parole, de pensée et d'action que nous ignorons avoir. Albert Einstein définissait ainsi la démence : « Recommencer sans cesse la même chose et s'attendre à des résultats différents. » Pour le meilleur et pour le pire, nous avons tous des habitudes, certaines utiles ou neutres, mais d'autres qui créent constamment des problèmes dans notre vie. Les habitudes profondément enracinées peuvent induire une forme de démence chez beaucoup de gens, enfants ou adultes, mais les enfants changent plus facilement d'habitudes que les adultes. Pour identifier ces modes de comportement, commencez par créer des signaux externes qui apparaîtront automatiquement tout au long de la journée. Ces interruptions vous donnent l'occasion de marquer une pause pour :

* réfléchir à votre motivation (amicale ou inamicale ?) ;
* vous demander si les actions susceptibles de résulter de cette motivation vous conduiront au bonheur (ou non) ;
* renverser la vapeur si nécessaire, vers une action ou un état mental qui soit plus favorable au bonheur.

Voici quelques activités qui interrompent en douceur le comportement automatique.

La cloche de pleine conscience

Une pratique bien connue pour interrompre le quotidien est la cloche de pleine conscience. Le maître zen vietnamien Thich Nhat Hanh recommande aux familles de l'utiliser pour signaler qu'il est temps de marquer une pause dans ce qu'elles font et de vérifier leur respiration. La cloche peut être tout objet créant un son agréable et long. L'intégration d'une cloche de pleine conscience dans votre routine familiale crée souvent des occasions de conscience étonnantes et amusantes.

• Vous pouvez l'utiliser pour obtenir l'attention de vos enfants sans crier par-dessus la télévision, la radio, la musique et autres bruits domestiques.

• Quand vos enfants donnent l'impression d'aller à un rythme si frénétique qu'ils sont à deux doigts de l'accident physique ou émotionnel, vous pouvez les ralentir en faisant retentir la cloche.

• Vous pouvez autoriser vos enfants à sonner la cloche de pleine conscience chaque fois qu'ils souhaitent voir toute la famille faire une pause et réfléchir. La première fois qu'un enfant utilise la cloche de pleine conscience étonnera peut-être ses parents et lui-même. Plusieurs parents m'ont décrit la même scène. Ils ont été interrompus au beau milieu d'une dispute par le tintement de la cloche de pleine conscience et, quand ils se sont aperçus que leur enfant l'avait fait sonner, ils ont éclaté de rire. J'adore cet exemple qui montre comment les parents peuvent autoriser les enfants à veiller sur eux-mêmes. C'est un moyen formidable de résoudre les conflits et de donner aux enfants un modèle de résolution des conflits.

Un fil autour du doigt

Vous pouvez aussi créer des rappels de pleine conscience et les disposer dans votre maison ou les porter sur vous. J'ai vu des enfants s'attacher un fil au doigt, fabriquer des bracelets de pleine conscience avec des rubans ou des perles, fixer un petit morceau de Scotch de couleur à l'intérieur de leur téléphone portable, ou coller un Post-it sur leur écran d'ordinateur ou sur le réfrigérateur. Ces rappels concrets sont un moyen efficace d'intégrer la conscience amicale dans votre quotidien. Chaque fois que vous les voyez, marquez une pause pour prendre note de ce qui se passe dans votre esprit et votre corps.

Les rappels de respiration

Chaque jour, les enfants pratiquent des activités routinières, comme se brosser les dents ou mettre leurs chaussettes. Vous pouvez suggérer à vos enfants de choisir l'une de ces activités relativement banales et d'en profiter pour pratiquer la conscience de la respiration. Par exemple, ils peuvent s'arrêter et respirer tous les soirs avant de se brosser les dents, ou le matin quand ils mettent leurs chaussettes et leurs

LA LIBERTÉ ÉMOTIONNELLE

chaussures. Ces rappels de respiration aident les enfants à reconnaître combien de choses ils font en pilote automatique. En interrompant le comportement automatique, les enfants ont le temps et l'espace mental nécessaires pour établir des connexions entre ce qu'ils font, ce à quoi ils pensent et ce qu'ils ressentent. Même de très jeunes enfants peuvent faire ces liens. Demandez-leur :

* *Comment est ton souffle avant d'aller te coucher et en te réveillant chaque jour?*
* *Comment est ton souffle quand tu joues et quand tu cours?*
* *Comment est ton souffle quand tu pars à l'école en bus ou en voiture?*
* *Comment est ton souffle quand tu ris ou juste après avoir ri?*

Si je devais ne retenir qu'une activité à proposer aux enfants à la maison, ce serait ces rappels de respiration, parce qu'ils ont facilité les changements de comportement les plus significatifs parmi les élèves et leurs familles, davantage qu'aucune autre des pratiques de pleine conscience que j'enseigne.

LA CONSCIENCE DES ÉMOTIONS ET DE LA RÉACTIVITÉ ÉMOTIONNELLE

Dès que les enfants prennent conscience de leurs émotions pénibles, il n'est pas toujours facile pour eux d'en parler. Trudy Goodman, professeur de méditation et psychologue qui a beaucoup travaillé avec des enfants et des familles, suggère un excellent point de départ pour une conversation sur les émotions, en s'inspirant d'une pratique classique qui compare les émotions difficiles à des visiteurs qui vont et viennent. Comme des invités, certaines émotions sont bienvenues, d'autres non. Certaines arrivent au bon moment, d'autres non. Même les visiteurs bienvenus qui arrivent au bon moment peuvent rester trop longtemps. Dans ce cas, il est bon de se rappeler que, par définition, un visiteur ne reste pas pour l'éternité. En personnifiant ainsi les émotions, même déplaisantes, nous pouvons les évoquer avec nos enfants de manière ludique. Tout en voyant se déployer l'énergie de l'émotion, les enfants commencent à comprendre que leur douleur émotionnelle finira par s'en aller, comme un visiteur indésirable. Je trouve cette méthode particulièrement utile quand je travaille avec de jeunes enfants.

S'asseoir en cercle pour parler de ses sentiments dans un esprit de gentillesse et de compassion peut s'avérer révolutionnaire pour les enfants et les adolescents. Dans *The Way of Council*, Jack Zimmerman cite mon collègue Tom Nolan : « Encourager les enfants à laisser parler leur cœur est un message fort. Cela permet de les éduquer sur leurs émotions, en leur demandant ce qu'ils ressentent et en leur donnant l'occasion de se débattre pour formuler une réponse[48]. » Pour son développement social, émotionnel et neurologique, il est important qu'un enfant ait un lieu sûr où il peut laisser parler son cœur sans craindre qu'on le juge ni qu'on se moque de lui. Hélas, ce n'est pas le cas pour tous les enfants. Le Dr Mark Brady, spécialiste en neuroscience et en éducation, évoque l'impact neurologique négatif qu'a sur un enfant l'impossibilité d'énoncer sa vérité :

> Mentir est une chose à laquelle j'ai été bien formé quand j'étais enfant, par des parents, des enseignants et des adultes qui ne voulaient pas vraiment entendre la vérité, et qui punissaient régulièrement quiconque l'exprimait sans fard. Alors qu'on se fait gronder ou punir pour avoir dit la vérité, le mensonge soulage du stress et de la tension. Je pense qu'il aurait mieux valu vivre dans un environnement où l'on pouvait

dire sans danger des vérités difficiles, et apprendre à gérer l'adrénaline et le cortisol qui sont souvent déclenchés en réaction par des gens qui, comme Tom Cruise dans le film *Des hommes d'honneur*, ne peuvent gérer ces vérités. Pour cela, il faudrait que les parents, enseignants et autres sachent bien sûr maîtriser leur propre réactivité émotionnelle. Cela est-il vraisemblable[49] ?

Les commentaires de Nolan et de Brady soulignent une fois encore qu'il est essentiel, si l'on veut enseigner la pleine conscience aux enfants, d'avoir soi-même une pratique établie, de savoir gérer sa propre réactivité émotionnelle et de rester impassible face à la réactivité émotionnelle des enfants.

Lorsque vous dirigez un groupe de pleine conscience, vous devez garder à l'esprit que votre rôle n'est pas de donner des conseils, mais d'aider les enfants à comprendre leur expérience du mieux possible et de l'intérieur. Ce rôle peut être difficile quand nous souhaitons avant tout résoudre le problème et éviter que les enfants souffrent. Nous rappelons aussi à nos élèves qu'ils n'ont pas non plus à donner de conseils. Chacun des membres d'un cercle de pleine conscience, enfant, adolescent ou adulte, est chargé d'apporter la même qualité d'attention, de gentillesse et d'attention qu'à la pratique de la méditation.

Dans les cercles de pleine conscience, je rappelle à tout le monde que chaque instant est une occasion d'observer son esprit, même quand ce n'est pas notre tour de parler. Au lieu de nous emmêler dans une répétition mentale de ce qu'on prévoit de dire quand notre tour viendra, ou de ressasser en silence ce que nous avons dit, mieux vaut prêter attention à la réaction de notre esprit aux récits des autres et à notre propre récit.

S'asseoir en cercle, dire sa vérité et raconter son histoire, cette démarche peut être profonde. Plus d'une fois j'ai vu un enfant révéler timidement son secret le plus sombre et le plus enfoui, auquel il s'accrochait et dont il avait peur de parler à cause de ce que cela aurait dévoilé à son sujet, et un autre enfant du groupe s'est exclamé : « Ah oui, j'ai ressenti la même chose, moi aussi. » Le soulagement qu'éprouve un enfant lorsqu'il partage son histoire et que d'autres s'y reconnaissent peut être libérateur pour les enfants et inspirant pour tous les autres.

LES ACTES ONT DES CONSÉQUENCES

S'asseoir en cercle pour parler avec des enfants permet d'insister sur le fait que les actes ont des conséquences. Dans le langage de la pleine conscience, cette vérité simple et directe est appelée loi du karma. La plupart des enfants et adolescents ont une compréhension pratique du karma qui vaut celle des contemplatifs. Ils comprennent que les mots désagréables qu'ils emploient pour décrire quelqu'un, ou les impasses qu'ils ont faites en révisant pour un examen, risquent fort de revenir les hanter. Ils comprennent aussi que les conséquences d'un acte ou d'une série d'événements ne sont pas toujours prévisibles. L'histoire classique du fermier et de son fils illustre à merveille cette idée.

Fable : le fermier et son fils

Il était une fois un vieil homme qui vivait avec son fils dans une ferme proche d'un petit village. Un jour, le cheval du fermier s'enfuit. Les voisins lui rendirent visite et dirent au fermier qu'ils étaient désolés pour lui. Le fermier, qui n'était pas bavard, répondit : « Nous verrons bien. »

LA LIBERTÉ ÉMOTIONNELLE

> Le lendemain, le cheval revint, accompagné de deux superbes chevaux sauvages. Quand les voisins apprirent la nouvelle, ils rendirent à nouveau visite au fermier : « Quel prodige ! » Le fermier répondit encore : « Nous verrons bien. »
> Le surlendemain, le fils du fermier fut jeté à terre alors qu'il montait un des chevaux sauvages, et il se cassa la jambe. Les voisins revinrent exprimer leur sympathie, et là encore le fermier répondit : « Nous verrons bien. »
> Le quatrième jour, des officiers vinrent au village recruter tous les jeunes gens des fermes environnantes, sauf le fils du fermier qui avait la jambe cassée. Quand les voisins félicitèrent le fermier sur la chance qu'avait eue son fils, ils furent accueillis par la réponse habituelle : « Nous verrons bien. »

Toute action du corps, du discours ou de l'esprit peut entraîner des résultats grands ou petits. Les enfants ne maîtrisent pas toutes les conséquences de leurs actes et, comme aux adultes, il leur arrive de blesser d'autres gens d'une manière qu'ils ne pouvaient prévoir. Mais les enfants peuvent s'efforcer de mieux comprendre pourquoi ils agissent de telle ou telle façon. Si leur motivation est mauvaise, et qu'ils en prennent conscience avant d'agir, ils ont la possibilité d'inverser la tendance et de faire autre chose. Dans sa série d'enregistrements sur les applications de la pleine conscience[50], le professeur de méditation Joseph Goldstein insiste sur ce moment où l'on est « sur le point de », le moment où l'intention d'agir est fixée. Les enfants disent parfois qu'ils ont eu une étrange impression dans la fraction de seconde qui a précédé une action qu'ils ont ensuite regrettée, comme si leur poitrine s'était serrée, comme si leur estomac s'était noué. Cette drôle de sensation se produit au moment « sur le point de ». En y prêtant attention, l'enfant peut s'arrêter avant d'agir et se demander : Pourquoi fais-je *le choix* d'agir ainsi ? Que suis-je en train *de ressentir* ? Ma *motivation* est-elle amicale ou inamicale ? Si cette action ne paraît pas bonne, après réflexion, il peut choisir d'agir différemment.

Il n'est pas rare qu'un enfant se sente coupable lorsqu'il comprend que ses motivations ne sont pas toujours pures. C'est l'une de nombreuses occasions où le soutien mutuel d'un cercle de pleine conscience peut être réconfortant. Dans un esprit de gentillesse et de compassion, les enfants peuvent se rappeler les uns aux autres que tout le monde a des sentiments négatifs, et qu'il est parfaitement normal d'agir parfois en suivant leur inspiration. Mais par le soutien et l'encouragement des amis et de la famille au sein du cercle de pleine conscience, nous pouvons apprendre à écouter de moins en moins souvent ces sentiments-là.

Le tempérament, l'intelligence et la personnalité se développent en un processus fluide, par le biais d'actions répétées, grandes et petites. Si doué qu'un enfant soit pour la musique, ce talent a besoin de pratique pour se développer. Même chose pour les valeurs personnelles et sociales. La vraie nature d'un enfant est pleine de gentillesse, de compassion et de patience, et c'est en pratiquant ces qualités positives qu'on les renforce. Quand un enfant est gentil avec ses amis, il pratique la gentillesse ; quand il est patient en attendant son tour, il pratique la patience ; quand il dit la vérité, il pratique la franchise. Le moment « sur le point de », juste avant d'agir, donne à l'enfant l'occasion d'identifier la qualité qu'il s'apprête à pratiquer, et de se demander si elle l'aidera à devenir celui qu'il voudrait être : ces qualités sont-elles susceptibles de mener au bonheur ? Telle est l'essence de la formation du caractère.

ANTIDOTES À LA TRISTESSE

Mon père est mort le vendredi qui précéda Thanksgiving. Le lendemain, avec Seth, Allegra et Gabe, j'ai pris l'avion à Los Angeles pour me rendre chez mon père, dans le Michigan, pour la veillée funèbre le dimanche, la messe le lundi et l'enterrement le mardi après-midi. Le cimetière se trouvait à mille kilomètres de l'église, donc, juste après la cérémonie, nous avons roulé en voiture pendant onze heures. Pendant toute ma vie adulte j'avais redouté ce trajet.

Avant que sa santé ne se détériore, mon père avait acheté un camping-car afin de pouvoir emmener ses petits-enfants en voyage. Il ne put jamais faire aucune de ces excursions, mais ce jour-là, en mangeant des sandwichs et en chantant les chansons préférées de mon père, j'étais heureuse d'avoir ce camping-car grâce auquel le voyage fut très confortable. Durant le trajet, nous avons ri et pleuré ensemble, et j'étais reconnaissante que, dans la mesure où il devait mourir, mon père ait disparu juste avant les vacances pour que les enfants n'aient pas à manquer l'école et que Seth et moi n'ayons pas à prendre des jours de congé. Mon père était ingénieur routier et il avait l'éthique de travail la plus extraordinaire que j'aie rencontrée. Je ne pouvais m'empêcher de me demander s'il avait programmé sa mort à un moment opportun. J'étais reconnaissante pour cette éthique de travail et pour le pragmatisme qu'il m'avait inculqué.

Le lendemain matin eut lieu l'enterrement ; le prêtre, que je n'avais jamais vu, a prié pour nous et pour mon père. Mais au lieu d'être submergée par les larmes, j'ai dû me retenir de rire car le prêtre ne cessait de se tromper dans nos noms. En me mordant les joues, j'ai vu que Seth lui aussi réprimait son hilarité. J'espère que ce prêtre très gentil a cru que nous pleurions.

Épuisés, nous sommes tous partis pour le cimetière alors que la neige commençait à tomber. Une dizaine d'inconnus avaient formé une haie d'honneur pour mon père, vétéran de la Seconde Guerre mondiale. Durant l'enterrement, le temps s'est dégradé et quand les soldats ont commencé leur discours d'hommage, il neigeait si fort qu'on ne voyait plus grand-chose. Mais j'ai entendu les coups de feu tirés par-dessus la tombe de mon père. J'étais reconnaissante envers ces patriotes, que je n'avais jamais vus auparavant et que je ne reverrais plus jamais, qui étaient venus rendre hommage à mon père par cette froide après-midi, un jour férié.

Mon père était mort après s'être longtemps battu contre la maladie de Parkinson. Sa qualité de vie avait beaucoup décliné et, comme me l'ont dit tant de gens, c'était une bénédiction qu'il soit mort. On me disait que je devais être soulagée mais, même si je savais qu'ils partaient d'une bonne intention, ces sentiments ne m'aidaient guère. Mais les actes m'étaient utiles. J'étais très malheureuse, et pourtant la gratitude m'inonda durant ces brefs moments de connexion avec ma famille et avec ceux qui nous soutenaient. Par des moyens différents et sous des angles différents, on trouve un peu de liberté psychologique en appréciant les petits moments de bonheur de chaque jour.

Il y a des années, un de mes professeurs de méditation, Yvonne Rand, m'a appris une pratique de pleine conscience pour atténuer la tristesse. Elle aide à voir le vécu comme un verre à moitié plein plutôt que comme un verre à moitié vide. Je l'utilise encore aujourd'hui pour moi-même et avec des enfants. Quand il m'arrive quelque chose de mauvais ou que je me sens mal, il me faut le reconnaître aussitôt (ce lave-vaisselle cassé est une catastrophe) et éprouver très vite de la gratitude pour trois choses. N'importe lesquelles. La clef de cette pratique réside dans son immédiateté. Je n'analyse pas pourquoi je suis heureuse ou pourquoi je devrais l'être ; je dis simplement merci pour les trois premières choses qui me viennent à l'esprit.

À l'instant, alors que j'écris, je suis reconnaissante pour Seth, qui dort sur le canapé du salon ; pour les roses qui fleurissent dans le jardin ; et pour le fait que Gabe aime vraiment son nouveau rôle dans le spectacle de l'école. Et, parce que je ne puis exclure Allegra d'aucune liste des raisons que j'ai d'être heureuse, j'en ajoute une quatrième : je suis profondément reconnaissante pour les conseils avisés qu'elle m'a donnés pour ma garde-robe. Ma fille a un sens de l'élégance bien plus prononcé que le mien.

Être reconnaissant pour trois choses, c'est bien peu, mais cela peut avoir de considérables avantages pour vos émotions et votre santé. Quantité d'expériences prouvent qu'en admettant que la situation pourrait être pire on devient plus satisfait des choses telles qu'elles sont. Dans leur livre *L'Art du bonheur*, Sa Sainteté le dalaï-lama et le Dr Howard C. Cutler citent une étude de l'université de Wisconsin à Milwaukee, où les participants devaient évaluer leur qualité de vie avant de voir des photos de démunis et après. Sans surprise, les participants se sentaient plus satisfaits après avoir vu ces photos difficiles[51]. Le but de ces pratiques n'est pas de vous infliger un lavage de cerveau pour vous faire croire que les difficultés de la vie ne comptent pas ou n'existent pas, mais d'accorder le poids adéquat aux choses agréables et désagréables de votre vie. Cette pratique ne fait qu'effleurer la surface des pratiques de pleine conscience qui cultivent les émotions positives, mais ce n'est pas un mauvais point de départ, surtout avec des enfants.

Une autre pratique classique qui est un antidote à la tristesse est de réfléchir sur la série d'événements heureux qui ont mené à votre naissance. Cette pratique dépasse un peu les capacités des enfants, et demander à des adolescents de réfléchir aux circonstances qui ont mené à leur naissance ne suscite pas toujours le type de discussions qu'on voudrait, mais cette réflexion peut être adaptée à chaque âge.

C'est comme dire avant chaque repas le bénédicité ou une prière qui prend en considération le voyage accompli par la nourriture avant d'arriver sur notre table, en songeant à toutes les personnes, à tous les lieux et à toutes les choses qui y furent impliqués. Réfléchir à ces détails, comme réfléchir au cycle d'événements qui vous ont conduit à lire ce livre, rend plus concrète l'idée un peu abstraite d'être *reconnaissant pour quelque chose*. Cela rappelle aussi aux enfants que chacun de nous est relié à des quantités de gens, de lieux et de choses, d'une manière pas toujours évidente.

Dire merci et écrire des messages de remerciements sont des pratiques significatives par lesquelles les enfants peuvent voir l'impact positif d'actes de gentillesse tout simples sur les autres et sur eux-mêmes. Vous pouvez demander à vos enfants d'écrire des messages ou d'envoyer des paquets à quelqu'un qui a jadis été gentil avec eux. Le paquet peut contenir une lettre, un dessin, des images, des collages, un gâteau, tout ce que vos enfants ont envie de faire et qui représente une expression sincère de gratitude. Ils peuvent l'envoyer par la poste ou le porter eux-mêmes, pour connaître directement comme il est bon de rendre quelqu'un heureux par un petit acte de gentillesse.

Il est fantastique pour un enfant de faire délibérément plaisir à quelqu'un, mais ils peuvent aussi changer la vie des autres sans même essayer. Il m'est arrivé d'enseigner dans une école qui avait une pelouse entourée d'un trottoir. C'était l'endroit rêvé pour pratiquer la Marche lente et silencieuse. Un matin, alors que nous nous promenions dans ce jardin, les enfants et moi, j'ai remarqué une religieuse en habit qui marchait sur ce trottoir délimitant le périmètre. Je n'avais plus vu une religieuse ainsi vêtue depuis mon enfance dans le Midwest, mais je me suis rappelé que quelques religieuses à la retraite habitaient près de l'école. La semaine suivante, la religieuse était revenue, mais cette fois avec une amie. Elles pratiquaient leur propre méditation sur le trottoir tandis que nous pratiquions la Marche lente et silencieuse dans l'herbe. Leur présence renforça notre sensation de communauté, même si chacun marchait de son côté. Comme elles marchaient autour de la pelouse, elles fermaient l'espace pour nous qui marchions à l'intérieur. Plus tard, une des religieuses me dit qu'elles attendaient toute la semaine ce moment de méditation où elles marchaient en même temps que les enfants. Cela les libérait de leur routine ordinaire et constituait un répit bienvenu.

Accentuer le positif

J'aime la musique de Johnny Mercer qui, avec Harold Arlen, a écrit une chanson intitulée « Accentuate the Positive ». Les paroles disent : *Tu dois accentuer le positif, éliminer le négatif.*

Il n'existait pas alors de recherche scientifique sur la psychologie positive, mais Mercer et Arlen savaient d'instinct que se concentrer sur les bonnes choses de la vie pouvait aider les gens à quitter un état d'esprit négatif pour en adopter un plus positif. Il y a bien des façons d'accentuer le positif, mais un moyen amusant et coloré est de décorer votre maison ou votre salle de classe avec des vœux généreux et des chaînes de gratitude, ou pour les jeunes enfants de les fabriquer et de les offrir en cadeau.

Les chaînes de vœux généreux et les chaînes de gratitude sont faciles à fabriquer, même pour des enfants de quatre ans. Il suffit d'avoir du papier de couleur, un tube de colle, des ciseaux, un crayon, un stylo ou un marqueur. D'abord, découpez des bandes de papier et placez-les dans un panier. Demandez ensuite aux enfants d'écrire sur ces bandes un vœu amical ou une chose pour laquelle ils sont reconnaissants. S'ils ne savent pas encore écrire, vous pouvez écrire les vœux à leur place et ils peuvent ensuite les décorer avec des autocollants, des paillettes ou des feutres. Chaque bande est un maillon dans la chaîne de gratitude ou de vœux généreux. Attachez-les ensemble avec de la colle et vous avez une chaîne colorée à suspendre aux portes et aux fenêtres pour décorer votre maison ou votre classe.

Vous pouvez fabriquer une chaîne en une fois ou en plusieurs séances. Vous pouvez les personnaliser. Vos enfants aimeront peut-être écrire des vœux pour leurs grands-parents et leur envoyer une chaîne de vœux généreux.

Éliminer le négatif

L'autre facette de l'accentuation du positif est d'éliminer le négatif. Un bon moyen de le faire avec des enfants plus grands, des adolescents et des adultes est de noter sur des bandes de papier les facettes négatives dont vous voudriez être débarrassés, pour les brûler dans la cheminée.

Notre famille a un rituel pour le Nouvel An : nous brûlons toutes les facettes négatives que nous regrettons d'avoir. Nous faisons un grand feu dans la cheminée, prenons du papier et des crayons, et chacun écrit sur des bandelettes les dimensions négatives qui l'ont empêché d'être heureux au cours de l'année écoulée. Comme l'orgueil, la contrariété, la colère, l'impatience. Puis nous réunissons les papiers dans un panier sur la table. Un par un, nous tirons une bandelette du panier, nous la lisons à haute voix et nous la jetons dans le feu. Souvent, la même dimension apparaît plusieurs fois parce que nous sommes plusieurs à vouloir nous en débarrasser. Il est formidable de commencer chaque année nouvelle en exprimant l'intention de nous purger de nos facettes négatives, de nos états mentaux négatifs et de nos émotions négatives, en sachant que nous avons le soutien de ceux qui nous sont le plus proches.

*J'aimerais rendre ma grand-mère heureuse
J'aimerais m'entendre
avec les membres de ma famille
J'aimerais qu'on m'aime
J'aimerais être heureux
Puissent mes vœux être exaucés.*

Un élève de collège

8
S'accorder avec les autres et développer l'harmonie parent/enfant

Les enfants qui pensent différemment peuvent être les plus difficiles à éduquer, mais ils peuvent aussi être ceux qui nous offrent les plus belles récompenses. De grands esprits comme Marie Curie, Einstein et Picasso ont tous été des enfants qui pensaient un peu différemment. Galilée n'était sans doute pas le plus facile des élèves lors des cours de sciences…

Voici une histoire : un élève de CM2, dans une école pilote, suivait un cours de dessin avec une enseignante remplaçante. Les enfants peignaient à l'aquarelle, et ce petit garçon peignait dans son coin tout heureux, jusqu'au moment où la maîtresse s'est approchée et lui a dit qu'il « utilisait trop de vert ». Cela me rappelle une scène du film *Amadeus* où l'empereur Joseph II entend une œuvre de Mozart pour la première fois et déclare : « Il y a trop de notes ! » Dûment réprimandé, le jeune artiste termina sa peinture trop verte et la classe se réunit pour discuter des résultats de la journée. L'enseignante présenta alors l'œuvre de l'un des élèves, qui représentait un personnage avec les mains en l'air. Elle demanda aux enfants vers quoi le personnage tendait les mains. L'un dit « vers le ciel », un autre « vers les étoiles », un troisième « pour attraper ses rêves ». Mais le garçon qui utilisait beaucoup de vert dit : « Il tend les mains pour prendre un sandwich. » Tous les élèves rirent, et la maîtresse envoya l'enfant chez le directeur. Le petit garçon obéit, inquiet du sermon qu'il allait entendre, mais le directeur, fidèle à la mission d'une éducation ouverte, prit le parti du jeune artiste qui avait utilisé trop de vert. Pourquoi ce personnage n'aurait-il pas tendu la main pour prendre un sandwich ?

Le ciel, les étoiles et les rêves sont des clichés dans ce contexte. Le garçon qui pensait que le personnage attrapait un sandwich avait dit quelque chose qui pouvait être exact (et puisque c'est ainsi qu'il le voyait, c'était certainement exact pour lui) et avait aussi le mérite de l'originalité complète. Ce petit garçon pensait différemment, et la maîtresse remplaçante avait eu une réaction totalement inadéquate en se mettant en colère.

Un enfant comme celui-là peut être difficile à élever ou à éduquer, mais il peut aussi aider ses parents et ses enseignants à voir les choses d'une manière neuve.

Les penseurs atypiques sont souvent des capacités remarquables à voir leur expérience avec clarté, et quand ils sont assez à l'aise pour prendre la parole et nous confier ce qu'ils voient, le résultat est formidable. Mais cela ne signifie pas que leur perspective soit toujours en accord avec ce que voient le reste de leur famille, leurs enseignants, leurs entraîneurs, leurs employeurs ou les autres figures d'autorité. Voir clairement que quelqu'un, surtout une figure d'autorité, ne vous comprend pas n'est pas toujours facile. Et il n'est pas facile d'admettre que les gens qui ne vous comprennent pas ne sont pas forcément des gens qui ne vous aiment pas. Mais pour ceux qui pensent différemment, il est essentiel de comprendre que les autres ne voient pas le monde comme eux. C'est également crucial pour leurs parents, pour leurs enseignants et pour les autres adultes avec qui ils travaillent. Ces enfants sont ceux avec lesquels je préfère travailler, mais je ne serais pas honnête si je disais qu'ils ne m'énervent jamais. Si amusants, créatifs et talentueux que soient ces enfants et adolescents, il est parfois difficile de les voir avec l'esprit clair. Mais même quand les enfants sont éprouvants, si vous pouvez les voir clairement et les aimer tels qu'ils sont, votre amour peut se transformer en compassion. Et la compassion rend tout beaucoup plus facile.

Pratiquer la pleine conscience du souffle peut aider les parents à voir objectivement leurs propres enfants, même quand cela s'avère difficile. La séquence classique nous enjoint d'observer notre propre respiration, notre corps et notre esprit avant de nous tourner vers des pratiques où l'on observe les autres et les manifestations extérieures de leur corps et de leur esprit. La clef de la pratique classique est d'apprendre à observer l'expérience interne et l'expérience externe sans les mélanger. Dans la dynamique familiale, il y a des moments où il est difficile de se tenir émotionnellement à distance de ses enfants. En pratiquant la conscience de la respiration au milieu de situations pénibles, les parents peuvent s'installer dans un état d'esprit ouvert et non réactif avant de s'occuper d'eux.

Cela correspond à la conception moderne selon laquelle pour être pleinement présents et accordés avec leurs enfants, les parents doivent être pleinement présents et accordés avec eux-mêmes. Unissant les enseignements anciens de la formation classique et les idées nouvelles de la neurobiologie interpersonnelle, le Dr Daniel Siegel, pédopsychiatre, suggère que la pleine conscience est une forme de syntonie interne et externe, un processus par lequel nous formons des relations avec les autres et avec nous-mêmes. « Quand nous concentrons notre attention de manière spécifique, nous activons les circuits de notre cerveau. Cette activation peut renforcer les jonctions synaptiques dans ces zones [du cerveau]. Explorer l'idée que la pleine conscience est une forme de relation avec vous-même implique non seulement les circuits de l'attention mais aussi les circuits sociaux… »

SE METTRE EN HARMONIE AVEC SOI-MÊME

Quand les parents concentrent leur attention sur le monde intérieur de leurs enfants, ils développent une relation plus harmonieuse avec eux. La syntonie, c'est-à-dire l'harmonie émotionnelle entre parents et enfants, entre le soi et l'autre, voilà le moyen fondamental par lequel l'activité cérébrale des parents peut directement influencer l'activité cérébrale de leurs enfants. Le Dr Siegel s'intéresse à la pleine conscience et à ses liens avec la neurobiologie des relations de syntonie parent/enfant. Dans son livre *The Mindful Brain*[52], il décrit la syntonie comme une méthode de corégulation, dans laquelle les enfants en plein développement utilisent l'état mental de leurs parents pour organiser le leur. En prêtant attention à leurs enfants, les parents accordés peuvent littéralement aider le cerveau de leurs enfants à se développer de façon saine. Siegel explique que, lorsque parents et enfants sont liés par une relation accordée, et que l'état d'esprit des parents est bien intégré, l'esprit des parents stimule une intégration similaire dans l'esprit des enfants[53].

La pratique de la pleine conscience favorise la syntonie avec les autres par l'observation attentive des manifestations extérieures de l'expérience émotionnelle et sensorielle. Il existe plusieurs jeux de miroir fondés sur la pleine conscience, qui encouragent une conscience renforcée des autres de manière amusante et ludique. Le jeu de Suivez le chef à l'envers est l'un de ceux que je préfère pratiquer avec parents et enfants.

SUIVEZ LE CHEF À L'ENVERS

C'était une belle journée de printemps, et j'enseignais un programme familial dans un parc. Nous avons emmené les parents et les enfants hors du jardin public pour jouer à Suivez le chef, mais cette fois les règles étaient plus difficiles que d'ordinaire. Dans cette version, les enfants ne savent pas qu'il s'agit d'un jeu et, quel que soit leur âge, ils sont *toujours* les chefs. L'idée est que les parents, à l'insu des enfants, imitent tout ce que les enfants décident de faire, participent aux conversations lancées par les enfants, le tout au rythme des enfants. Les parents doivent ainsi devenir entièrement accordés au rythme, aux intérêts et aux activités de leurs enfants.

Ce matin-là, un papa très stressé, hyperactif, toujours dans la compétition, avait rangé son indispensable téléphone portable pour s'installer avec son fils qui profitait de l'ombre d'un chêne en contemplant l'herbe, tandis que les autres enfants couraient et jouaient. L'effort nécessaire pour habiter le monde de son fils causait à ce père plus de stress qu'une réunion d'affaires aux enjeux capitaux. Le petit garçon se dirigea peu à peu vers un rocher sur lequel un escargot cheminait lentement mais sûrement, activité dont le père dirait ensuite en plaisantant qu'elle semblait spécialement conçue pour le soumettre à la torture. Le père se leva à contre-cœur et suivit son fils, pour s'accroupir à côté de lui et contempler l'escargot pendant ce qui dut lui sembler durer des heures. De l'autre côté du parc, une maman habituée des Starbucks, déjà en manque de caféine à dix heures du matin, allait et venait pour suivre la trajectoire d'un vaisseau spatial imaginaire dans *La Guerre des étoiles*. D'autres parents jouaient avec leur fille, attendant ce qui semblait une éternité pour qu'elle décide son prochain coup. Le renversement des rôles peut offrir aux parents des révélations stupéfiantes sur la nature de leurs enfants, sur la façon dont ceux-ci se débrouillent dans leur monde et sur ce qu'on *ressent* réellement quand on est leur enfant. Et cela peut aussi offrir aux parents des révélations sur eux-mêmes.

Le rôle des parents est habituellement de guider l'errance du corps et de l'esprit de leurs enfants pour les conduire à travers un labyrinthe d'activités dictées par l'école, la famille et les obligations de la communauté, en respectant un emploi du temps très strict. Renoncer à ce rôle, celui dans lequel vous êtes un croisement entre un général et un valet de pied, pour en adopter un autre où ce sont vos enfants qui commandent, peut être difficile, épuisant et ennuyeux. *Ennuyeux* est un mot que nous nous sentons coupables d'employer pour qualifier nos relations avec nos enfants, mais pour être franc, suivre nos enfants peut être très ennuyeux. En utilisant les outils de la pleine conscience, nous pouvons transformer ces moments mornes et frustrants en une expérience entièrement différente, voire intéressante, et extrêmement satisfaisante.

Le jeu auquel nous jouions dans le parc est, par essence, une pratique élaborée par le pédopsychiatre Stanley Greenspan, « le moment moquette », qui favorise le développement émotionnel des enfants. Dans son livre *Parlez avec votre enfant*, Greenspan écrit que l'objectif du « moment moquette » est de vous accorder avec le monde de votre enfant par une conversation spontanée et non structurée ou par le jeu, et d'interagir selon ses termes à lui. Greenspan écrit :

> L'idée qui sous-tend le « moment moquette », c'est la *construction d'une relation chaleureuse et pleine de confiance*, dans laquelle l'attention et la communication se déroulent selon les souhaits de votre enfant. Pour parvenir à ce but, je n'ai pas trouvé de meilleur système que ce moment de partage. Une fois que cette relation positive a commencé à s'épanouir, les fondations qui permettront de s'attaquer à tous les problèmes auxquels votre enfant est confronté sont posées[54].

Le « moment moquette » n'est pas seulement un bon moment en famille parce que ce sont les enfants, et non les parents, qui déterminent la direction du jeu ou de la conversation, en favorisant le développement d'une relation accordée entre parent et enfant. Le temps au sol de Greenspan, et des jeux comme Suivez le chef à l'envers, donnent aux parents l'occasion d'observer l'activité de leur propre esprit tout en pratiquant avec leur enfant une inversion des rôles parfois inconfortable, parfois délicieuse. Le travail de Siegel liant la pratique de la pleine conscience à la théorie de la syntonie met en lumière la connexion entre les activités de miroir et une relation parent/enfant plus accordée (syntonie interpersonnelle) comme une relation plus accordée du parent avec lui-même (syntonie intrapersonnelle)[55].

Regarder des enfants jouer au miroir entre eux donne aux parents (et aux enseignants) une bonne idée de leurs enfants et de leur dynamique interpersonnelle. Les parents peuvent comprendre comment les enfants vivent dans leur corps. Sont-ils physiquement à l'aise ?

Coordonnés ? Bien capables de contrôler leur corps ? Parce qu'ils exigent en général un travail d'équipe, les jeux de miroir sont souvent aussi une occasion pour les adultes d'observer la dynamique de tout le groupe. Qui tend à mener ? Qui tend à suivre ? Les élèves coopèrent-ils ensemble ? Y a-t-il des laissés-pour-compte ? Le jeu Enfiler les mouvements d'un autre communique rapidement aux parents ou aux enseignants une grande quantité d'informations sur les enfants.

Enfiler les mouvements d'un autre

Pour préparer ce jeu, je désigne un endroit à l'écart où les enfants rangent leurs chaussures afin de ne pas trébucher dessus quand ils se mettront à bouger. Quand tout le monde a enlevé ses chaussures et les a rangées, je demande aux enfants de former un cercle et de choisir un meneur. Ce meneur doit se déplacer de manière inventive et ludique autour du cercle et les autres doivent « enfiler » les mouvements du meneur, les imiter et le suivre. Tandis que les enfants font le tour du cercle en sautillant, en dansant ou à cloche-pied, marquez sur le tambour un rythme similaire à la façon dont le meneur se déplace. Lorsqu'il est temps de changer de meneur, signalez-le en frappant une fois sur le tambour, assez fort. Quand ils entendent ce son, les enfants s'immobilisent en attendant de voir qui sera le prochain meneur, que vous choisirez en lui touchant la tête ou l'épaule. Le nouveau meneur se met à se déplacer dans le cercle d'une façon spécifique. La séquence se répète jusqu'à ce que tout le monde ait été meneur.

BIEN REFLÉTER L'AUTRE

Pour favoriser la conscience de l'expérience d'autrui, j'emprunte des éléments à la théorie du mouvement dansé et aux jeux théâtraux. Associer ces éléments à la pratique de la pleine conscience donne naissance à certaines des activités préférées de mes élèves.

Les miroirs aux alouettes

Dans ce jeu, les enfants choisissent un partenaire, et chaque couple choisit un meneur pour le premier round. Ils sont debout ou assis face à face, les mains devant la poitrine, les paumes vers l'avant, juste en face des paumes de leur partenaire. Le meneur se déplace lentement, et son partenaire imite ses mouvements. Les deux participants veillent à garder leurs paumes aussi alignées que possible sans se toucher ; cela leur permet de vivre le mouvement en tandem. Puis le couple inverse les rôles et répète l'activité. Pour s'amuser, on peut demander à chaque couple un par un de se placer au centre du cercle tandis que tous les autres tentent de deviner qui est le meneur. Autre possibilité encore : les enfants forment un cercle et se tournent vers le centre, puis choisissent un meneur dont tous les autres imiteront les mouvements.

La vague

Lorsqu'elle enseignait à des enfants de CE2 et de CM2 à l'école primaire de Toluca Lake, Annaka Harris a adapté la « ola » pratiquée dans les stades comme exercice de pleine conscience. Les enfants sont assis en cercle, le meneur se lève et porte les mains au-dessus de sa tête. Lorsqu'il baisse les bras et commence à se rasseoir, son voisin prolonge la vague en se levant et en portant ses mains au-dessus de la tête. Dès qu'un enfant baisse les bras pour se rasseoir, son voisin se lève, et ainsi de suite jusqu'à ce que la vague ait fait tout le tour du cercle, une fois, peut-être deux, voire trois, le tout sans que personne n'ait dit un mot.

Répète le rythme

Le but de ce jeu est d'imiter le rythme d'un tambour sans aucune instruction verbale. Le meneur joue un rythme simple sur un bongo, puis le joue en frappant dans ses mains. Sans rien dire, il recommence et, très vite, les enfants l'imitent et jouent ce rythme. Une fois que tout le monde a compris comment faire, le meneur transmet l'instrument à un autre enfant, qui joue son propre rythme, suivi par le reste du groupe qui frappe dans ses mains. L'instrument passe d'un participant à l'autre jusqu'à ce que tout le monde ait eu l'occasion de mener. On peut varier le jeu en combinant le rythme sur instruments, en claquant des mains et en frappant des pieds.

Grand et petit

Le Dr Suzi Tortora, experte en mouvement et thérapeute par la danse, a conçu un jeu amusant dans lequel les enfants imitent avec leur corps la montée et l'extinction d'un son. Tout le monde est accroupi, le corps détendu, roulé en boule. Dans cette position, on attend et on écoute le son du vibraphone. Quand on l'entend, on imite le son en s'étirant très haut tant que le son monte, puis on se rassied à mesure que le son s'éteint. On peut ajouter des voix à cette pratique, que je trouve particulièrement efficace quand les enfants sont très agités après être restés trop longtemps enfermés. Les enfants poussent un cri et s'étirent quand le son retentit, puis se taisent à mesure qu'ils retrouvent la position accroupie.

Le train qui saute

Le jeu du Train qui saute intègre l'imitation en miroir à la conscience du souffle et à la concentration. Les enfants forment un petit train en se plaçant en cercle l'un derrière l'autre. Posez un coussin à terre entre les « wagons ». Tout le monde est debout en pose de la montagne et prête attention à la sensation de respirer. Quand le meneur frappe le tambour, chacun saute par-dessus son coussin. Les instructions sont formulées ainsi : « Debout, respirez, concentrez-vous, sautez » (il faut répéter cette phrase chaque fois qu'on frappe le tambour).
À mesure que les enfants deviennent plus expérimentés, le meneur peut rendre le jeu peu à peu plus difficile en omettant les instructions verbales. Moins on parle, plus le train avance vite. On passe de « Debout, respirez, concentrez-vous, sautez » à « Respirez, concentrez-vous, sautez », puis à « Concentrez-vous, sautez » et à « Sautez », jusqu'à ce que les élèves finissent par répondre uniquement au tambour. Bientôt, tout le monde se concentre et saute sans instruction verbale.
Le jeu favorise la conscience des autres. Si un élève ne prête pas attention aux autres « wagons » du train, il risque fort de se cogner contre l'enfant qui se trouve devant lui, ou c'est l'enfant qui se trouve derrière qui se cognera à lui.

S'ACCORDER AVEC LES AUTRES

Secouez-vous

Dans ce jeu, les enfants se font trembler au son d'un tambour, en tâchant d'imiter le son par le mouvement de leur corps. D'abord debout, immobiles comme une montagne, les enfants écoutent. Quand le meneur frappe le tambour, ils font trembler leur corps, en maintenant la plante des pieds au sol, leur corps détendu, leurs genoux souples. Les enfants cessent de bouger quand le tambour cesse. **Attention à ceux qui ont du mal à tolérer le bruit.** Avec de très jeunes enfants, je commence par faire comme si tout le monde se mettait de la colle sous les pieds pour les fixer au sol. Une fois collés, nous remuons les genoux tout en maintenant la plante des pieds à terre. Pour favoriser une sensation d'équilibre, ce jeu peut être modifié en demandant aux enfants de trouver un équilibre quand le son cesse, et d'y rester aussi longtemps que possible. Les postures d'équilibre peuvent consister à se tenir sur un pied, à faire le poirier, à se coucher les pieds en l'air, et toutes sortes d'autres positions.

JETEZ TOUT ÇA SUR UN PAPIER

Tenir un journal aide les enfants et les adolescents à remarquer ce qu'ils ont tendance à penser, à faire et à dire, en leur donnant l'occasion de réfléchir sur leurs motivations, leurs actes et leurs conséquences. L'écriture du journal se déroule en parallèle avec le processus qu'ils suivent dans un cercle de pleine conscience où ils méditent, parlent de leur expérience pour mieux la comprendre, et envisagent des moyens d'appliquer ce qu'ils ont appris dans des situations de la vraie vie. Sur un morceau de papier, ou sur un carnet, les enfants notent leurs impressions après avoir médité, en veillant à décrire l'expérience du point de vue d'un observateur amical. Ensuite, ils notent ce que l'expérience signifie pour eux, en prenant en compte leurs expériences passées, leurs objectifs futurs, et leur notion du bien et du mal. Les journaux de méditation ne sont pas des devoirs et ne doivent pas s'ajouter au programme déjà chargé des adolescents. Comme la conversation en cercle qui suit la méditation, le journal est un moyen d'aider les adolescents à mieux comprendre leur expérience de la pleine conscience, en la mettant par écrit et en constatant le processus. Veillez à ce qu'ils sachent que leur journal est privé et que vous ne le lirez pas. En voici un exemple inventé :

Ce que j'ai remarqué	Ce que cela signifie	Ai-je appris quelque chose d'utile que j'aimerais intégrer
Trop à faire	Je remets toujours au lendemain	Ne plus remettre au lendemain
Je suis nerveux, soucieux	Si je remets au lendemain, je raterai la fête	Quand je suis préoccupé, je dois faire une pause, respirer et changer de voie
Je ne sais pas si j'y arriverai	J'essaierai	On verra

UN CARNET DE BORD EN PLEINE CONSCIENCE

Tenir un carnet de bord en pleine conscience permet de formaliser le processus par lequel nous étendons notre champ de conscience afin d'inclure notre expérience et celle des autres sans les mélanger. Pour cela, les parents commencent par observer et noter leur propre expérience du point de vue d'un observateur amical. Après avoir vérifié leurs propres pensées, émotions et impressions sensorielles, ils se tournent vers les enfants et observent les manifestations extérieures de leur expérience en notant non seulement ce que les enfants font et disent, mais aussi leur ton, leur expression, le langage de leur corps et autres indices non verbaux. Par ce processus, les parents renforcent la conscience de leurs propres processus extérieurs et de ceux de leurs enfants, en proposant un modèle de pleine conscience, et posent les bases d'une relation saine et accordée.

Le but est de construire la conscience de l'expérience de l'instant présent sans y réagir de manière automatique ou habituelle. Le premier élément d'un carnet de bord en pleine conscience est l'observation de soi afin d'appliquer la pleine conscience à l'impact que vos propres réactions à l'expérience peuvent avoir sur vous, sur vos enfants et sur d'autres personnes. Le journal suit les trois éléments – introspection, compréhension et application au quotidien – sur lesquels je me focalise quand je pratique la pleine conscience avec les enfants et leur famille. Vous pouvez prendre des notes mentalement tout en regardant vos enfants jouer avec d'autres au square, ou chaque fois que des enfants et adolescents entrent en interaction avec leurs amis ou d'autres membres de la famille. Je ne vous conseille pas de prendre des notes devant vos enfants, mais plutôt une fois qu'ils sont couchés ou à l'école, quand vous êtes seul. Voici quelques questions que vous pouvez vous poser et utiliser comme base pour votre journal de pleine conscience. Le but est de noter tout ce qui vous saute aux yeux quand vous observez vos enfants.

L'observateur amical :
* Ce qu'ils ont fait ou dit a-t-il déclenché quelque chose en moi ?
* Ce qu'ils ont fait ou dit a-t-il résonné avec moi ?
* Qu'a ressenti mon corps ?
* Des émotions sont-elles apparues ?
* Ai-je été réactif ?

Établir des connexions :

- Y a-t-il des connexions entre ce que j'ai observé et mon expérience passée ?
- Y a-t-il des connexions entre ce que j'ai observé et mes objectifs, aspirations, attentes ou préoccupations futures ?
- Y a-t-il un ou plusieurs thèmes récurrents qui apparaissent en moi avec cet enfant ou cette classe ?

Applications :

- Que ferais-je différemment une prochaine fois ?
- Qu'aimerais-je reproduire ?

Notez ensuite ce que vous avez remarqué dans les actions de vos enfants, leurs relations, le ton de leur voix, le langage de leur corps et autres indices verbaux ou non verbaux. Si vous êtes enseignant et que vous travaillez avec un groupe, vous n'avez pas à tenir le journal de chaque élève, mais seulement de ceux qui se détachent pendant la classe. Voici quelques suggestions pour avoir l'attitude de l'observateur amical :

- Indices non verbaux : L'enfant semblait-il calme, agité, ennuyé, impliqué ?
- Indices verbaux : L'enfant a-t-il dit quelque chose qui a résonné avec vous ?
- Relations avec les autres ?
- Y avait-il des thèmes ou des habitudes possibles liés à cet enfant ?
- Impression générale des compétences émotionnelles et sociales de l'enfant ?

- Impression générale des compétences de l'enfant sur le plan de l'attention ?
- Impression générale sur l'enfant en matière de maîtrise de soi et de réactivité ?
- Impression générale sur la connexion de l'enfant ?
    – Avec les autres enfants
    – Avec son parent ou enseignant
    – Avec vous
- L'enfant a-t-il le sens de son corps dans l'espace ?

Si vous êtes enseignant, envisagez ensuite la dynamique de la classe dans son ensemble, qui peut inclure l'enseignant ou un autre parent. Si vous êtes parent, envisagez la dynamique familiale et la dynamique unissant votre enfant à ses amis. Voici quelques questions à vous poser :

- Cette classe a-t-elle des qualités particulières qui résonnent avec vous ?
- Y a-t-il des thèmes ou des comportements qui reviennent régulièrement ?
- Impression générale des compétences émotionnelles et sociales de la classe ?
- Impression générale des compétences de la classe sur le plan de l'attention ?
- Impression générale de la réactivité de la classe et de la dynamique de groupe ?
- Impression générale sur la connexion de la classe ?
    – Entre les élèves
    – Avec vous
    – Avec l'enseignant et/ou le parent

- Le parent/enseignant a-t-il dit ou fait quelque chose qui a résonné avec vous ?
- Des thèmes ou comportements reviennent-ils régulièrement avec ce parent/enseignant ?
- Impression générale des compétences émotionnelles et sociales du parent/enseignant ?
- Impression générale des compétences du parent/enfant sur le plan de l'attention ?
- Impression générale sur le parent/enfant en matière de réactivité ?
- Impression générale sur le degré de connexion du parent/enseignant ?
    – Avec les élèves
    – Avec vous

Tenir un carnet de bord après chaque cours ou activité de pleine conscience avec votre enfant prend du temps et s'avère souvent irréaliste. Noter vos réflexions sur un tableau de temps en temps est une bonne alternative. Voici un exemple que j'ai utilisé.

Ce qui s'est passé en moi	Ce qui s'est passé à l'extérieur Lui, elle ou eux	Les deux ensemble Lui, elle ou eux et moi
Observation amicale	Observation amicale	Observation amicale
Connexions établies	Connexions établies	Connexions établies
Applications	Applications	Applications

Quand vous tenez un carnet de bord et remplissez les tableaux, gardez à l'esprit le but de l'exercice. C'est un moyen de formaliser le

S'ACCORDER AVEC LES AUTRES

processus d'application de la conscience à votre expérience interne et externe. Autrement dit, c'est pour vous un moyen de voir clairement et de mieux comprendre comment vous réagissez aux autres et comment vous réagissez à leurs relations entre eux. En fin de compte, le carnet de bord en pleine conscience porte sur vous, le témoin, et non sur celui dont vous êtes témoin. Cela peut d'abord sembler contradictoire, mais c'est un point essentiel. Si le témoin n'a pas une vision claire du but de sa pratique, le processus de carnet de bord peut se transformer en une méthode par laquelle les parents et enseignants jugent les enfants et se jugent entre eux, puis créent une liste de points problématiques que le témoin croit devoir résoudre. Non seulement cela risque de se retourner contre le témoin s'il tente d'utiliser ces listes pour faire changer ses enfants ou adolescents, son conjoint ou partenaire, mais cela va aussi complètement à l'encontre du but du carnet de bord en pleine conscience.

LA PLEINE CONSCIENCE ENSEMBLE :
VOIR LES PERSONNES DIFFICILES COMME SI ELLES AVAIENT ÉTÉ VOS ENFANTS

Malgré toute la compassion dont nous faisons preuve, il y aura probablement des individus qui nous agaceront. Comment gérer cela en pleine conscience ? Une approche classique est d'envisager chacun comme s'il était votre père ou votre mère. Dans certaines traditions classiques, nous renaîtrons tous plusieurs fois avant d'atteindre la lumière ; on peut donc imaginer que dans une de nos nombreuses vies, chaque individu au monde ait été notre parent. Quand vous rencontrez quelqu'un qui vous paraît difficile, pensez à lui comme s'il avait été votre père ou votre mère dans une vie antérieure. La compassion et l'amour peuvent résulter naturellement de cette visualisation. Quand vous travaillez avec des enfants difficiles, il est utile d'imaginer qu'ils sont vos propres enfants. Comme par miracle, ils ne vous sembleront pas moins difficiles, mais vous éprouverez peut-être plus de compassion.

*Je souhaite qu'il n'y ait plus de terrorisme
Je souhaite que tous les habitants du Pakistan
et de l'Afghanistan vivent en sécurité
Je souhaite que le monde soit plein de bonheur
Je souhaite qu'il y ait plus d'écoles pour les enfants
Je souhaite que tout le monde s'intéresse à tous
les habitants du Pakistan et de l'Afghanistan.*

Un élève de collège

9
Vivre comme partie d'un tout

L'histoire de la princesse rêveuse qui vivait il y a longtemps dans un royaume magique, que j'ai commencé à raconter au chapitre 3, s'inspire d'un personnage classique. Quand je me suis arrêtée, ses professeurs pensaient pouvoir la guérir de ses tendances à la rêverie en lui demandant de faire une conférence[56]. Cette aimable princesse était pleine de bon sens. Flottant sur un trône dans le ciel au-dessus du jardin de l'École de la Sagesse, elle parla à la foule rassemblée. Elle leur dit que pour faire du monde un lieu plus heureux, nous devons d'abord imaginer qu'il est doux et gentil, et qu'ensuite nous pouvons faire en sorte qu'il le devienne.

Certains des élèves et villageois qui l'écoutaient ne croyaient pas qu'il suffise de vouloir rendre les gens heureux pour tout changer. Mais la princesse rêveuse leur montra que c'était possible.

Quand je dirige des ateliers pour adultes, je donne parfois aux participants une petite pierre lisse, grande comme la paume de leur main, et je les encourage à l'orner de mots et d'images significatifs – des mots qui représentent les qualités qui, selon eux, mènent au bonheur, comme :

amour, intrépidité, compassion, gentillesse, joie, courage, patience et égalité d'humeur.

Une fois qu'ils ont décoré leurs pierres, les participants les utilisent dans les jeux et activités de la journée. Entre les ateliers s'insèrent des périodes d'introspection, d'instruction, de discussion et de construction de la communauté. À la fin de la journée, beaucoup sont surpris d'avoir établi une connexion émotionnelle avec leur pierre, qui prend souvent un sens spécifique. Les participants y deviennent parfois attachés.

Dans ces ateliers, une bonne partie de l'après-midi se déroule dans le silence, à pratiquer l'introspection assis, couché ou en marchant. La dernière partie de l'après-midi est consacrée à la conversation, qui porte notamment sur une pratique de la générosité renvoyant à ce que l'on ressent lorsqu'on donne et reçoit.

Dans l'un de ces ateliers, il est arrivé une chose qui a renforcé la valeur de cette pratique. Par une chaude journée d'été, après le déjeuner, juste avant la période de silence, nous avons demandé à chacun d'envisager de céder sa pierre. Il était bien précisé que personne n'était obligé de la donner ni d'accepter celle d'un autre. En silence, les participants pourraient échanger leurs pierres autant de fois qu'ils en auraient envie, ou ne pas les échanger du tout.

Après être restés assis en silence dans notre salle, nous avons pratiqué à l'extérieur la Marche lente et silencieuse. Juste avant la cloche signalant qu'il était temps de rentrer, j'ai vu un des participants assis sur une chaise dans le couloir. J'ai senti qu'il réfléchissait à une expérience difficile, qu'il digérait une émotion difficile, ou les deux à la fois, et j'ai eu envie de lui donner ma pierre de focalisation. Ne voulant pas troubler son introspection, j'ai placé ma pierre à terre devant sa chaise et je me suis éloignée. Je ne suis pas restée assez longtemps pour qu'il me donne sa pierre en échange. La cloche a sonné, il était temps de commencer la séance de questions-réponses et d'évoquer la pratique de donner et de recevoir. Certains participants avaient donné leur pierre sans peine, d'autres avaient eu plus de mal, mais tous avaient trouvé cette pratique significative. Les participants étaient surpris d'avoir ressenti tant d'émotions alors qu'ils s'apprêtaient à donner cette pierre apparemment sans conséquence. Puis l'homme à qui j'avais donné ma pierre a levé la main.

Il nous a raconté qu'il avait longtemps réfléchi avant d'écrire le mot *amour* sur sa pierre. Tout le long de l'atelier il avait réfléchi aux questions d'amour et de trahison, et à quelqu'un qui lui avait récemment brisé le cœur lors d'une séparation difficile. La pierre avait pris une importance imprévue, tout comme le mot inscrit dessus. Il avait été surpris quand j'avais suggéré de la donner. Pendant la période silencieuse, d'autres lui avaient proposé leur pierre, mais il les avait refusées. Il voulait garder la sienne. Refuser ces offres d'amitié l'avait mis mal à l'aise, et il était donc rentré, loin de tous, pour éviter cette situation embarrassante. Puis j'étais apparue. En me voyant, il avait serré sa pierre dans sa main. Il ne savait que faire, il ne voulait pas la donner, mais il craignait ma réaction s'il refusait la mienne. Pendant qu'il ruminait ces sentiments, j'étais venue, lui avais donné ma pierre et j'étais repartie, sans le moindre indice sur ce qui se passait dans son esprit.

Après l'atelier, nous avons discuté en petit groupe, dont l'homme qui se débattait avec l'amour et la trahison. Au milieu de notre conversation, une autre participante s'approcha de lui et lui demanda sa pierre. Il hésita. Je craignis que cette démarche n'ait pas été la plus habile de la part de l'autre participante, mais je tins ma langue, ne voulant pas m'immiscer dans leur processus. L'homme fouilla dans sa poche, en tira la pierre et la donna à l'autre participante. En retour, elle lui donna une pierre où elle avait elle aussi écrit le mot *amour*.

Environ un an après, le même homme est venu assister à un autre atelier que je dirigeais. Ravie de le revoir, je lui ai demandé comment il allait. Il m'a dit que cet échange de pierres avait marqué un tournant dans sa vie, et qu'il conserve à présent la pierre donnée sur sa table de chevet.

QUAND NOS VŒUX SE RÉALISENT

Ceux qui aident les enfants à affronter la douleur chronique savent depuis longtemps que le simple fait de vouloir ou d'imaginer être heureux, en bonne santé, en sécurité ou en paix peut faire une vraie différence. L'imagerie guidée permet aux enfants de détourner leur attention de leur histoire réelle (et parfois douloureuse) au profit d'une histoire imaginaire dotée d'une fin heureuse. En utilisant la partie du cerveau qui crée des images mentales, la douleur des enfants peut se déplacer. Elle ne disparaît pas entièrement, mais conformément à ce que nous voyons dans d'autres applications de la pleine conscience, elle peut s'estomper à l'arrière-plan. Dans son livre *Comprendre et vaincre la douleur chronique de votre enfant*, le Dr Lonnie Zeltzer, qui dirige la clinique pédiatrique d'UCLA, explique que l'effet de l'imagerie guidée et de l'auto-hypnose est similaire à l'effet concret de médicaments comme la morphine et autres opiacés prescrits pour traiter la douleur[57]. Avec des patients qui luttent contre la douleur chronique, l'imagerie guidée est une application clinique de l'art de conter des histoires.

Conter des histoires peut être efficace lorsqu'on pratique la pleine conscience avec des enfants. Il y a des histoires qui transcendent le temps, le lieu, la langue et la culture. Les histoires bien contées offrent un modèle de ces qualités sociales positives qui mènent à des relations saines, à la liberté psychologique et au bonheur. Quand vous pratiquez avec vos enfants, pensez à puiser dans les récits qui ont bercé votre enfance et inventez aussi les vôtres. Voici un exemple d'histoire que je raconte et qui s'inspire librement d'un conte de la pleine conscience classique.

Le passeur et ses six bateaux

Un jour, j'ai entendu parler d'un passeur qui transportait les voyageurs d'une rive à l'autre à travers une série de rapides dangereux et violents, afin qu'ils puissent aller regarder dans un télescope unique au monde. À travers ses lentilles, les gens pouvaient voir tout l'univers avec une clarté exceptionnelle. Bien peu étaient assez intrépides pour franchir la rivière, mais ceux qui le faisaient ne voyaient plus jamais le monde de la même manière. Après avoir vu la vie dans une perspective infinie, même une seule fois, leur vie était transformée pour toujours.

Seuls six bateaux, portant des noms curieux, étaient assez robustes pour surmonter ces rapides. Ils s'appelaient *Générosité, Éthique, Patience, Persévérance, Concentration* et *Sagesse*. Mais seul le passeur, qui pratiquait la pleine conscience, voyait assez clairement à travers le vent et la pluie pour naviguer sur les eaux tumultueuses et franchir la rivière. Voici une autre histoire de vœux généreux, que j'ai fabriquée à partir d'une histoire racontée par mon mari à Allegra et à Gabe, au sujet d'un cerf imaginaire qui vivait dans les bois derrière chez nous.

VIVRE COMME PARTIE D'UN TOUT

Le cerf qui parlait

Il était une fois un cerf qui parlait et qui portait un sac à dos plein à ras bord de vœux généreux. Chaque fois que quelqu'un souhaitait voir un vœu se réaliser, le cerf en était informé et fourrait ce vœu dans son sac à dos. Le cerf vivait dans la forêt juste derrière notre maison, et un soir, après que nous nous étions endormis, Seth et moi, il est venu frapper à la fenêtre des enfants avec son museau humide. Allegra se réveilla la première. Elle réveilla alors Gabe, et en un instant ils furent prêts à partir. Ai-je dit que le cerf pouvait voler ?

Avec les enfants sur son dos, le cerf fit le tour de la maison pendant qu'Allegra et Gabe cherchaient dans le sac des vœux à faire tomber sur Seth et moi dans notre sommeil. Tous les vœux imaginables étaient dans ce sac, et ils trouvèrent exactement les bons. Après en avoir saupoudré notre maison, Allegra, Gabe et le cerf envoyèrent des vœux généreux à tout le monde, partout. C'était difficile de trouver le vœu idéal pour chaque habitant de la planète, mais ils se montrèrent à la hauteur de leur mission. Il se mit à pleuvoir des vœux généreux sur les écoles, les villes, les pays, les continents, les océans, les lacs, les rivières, les fleuves, les montagnes, les collines et les vallées, jusqu'à ce que la terre en soit couverte. Satisfait d'avoir bien travaillé, et alors que le soleil pointait à l'horizon, le cerf ramena les enfants à la maison et regarda par la fenêtre tandis qu'ils se recouchaient. Il était fatigué et prêt à dormir lui aussi. Mais avant de s'envoler, le cerf chercha dans sa poche une dernière poignée de vœux généreux, ceux qu'il avait gardés pour Allegra et Gabe.

Les histoires de vœux généreux sont une forme d'imagerie guidée, et les enfants les adorent. Mais il y a d'autres façons d'envoyer des vœux généreux.

Les super pouvoirs...

Trudy Goodman, professeur de méditation, m'a appris ce jeu, et nous avons passé une merveilleuse matinée à jouer aux superpouvoirs avec une classe de CE2 à l'école primaire de Toluca Lake, en Californie. C'était si amusant que depuis j'y ai joué quantité de fois.

Dans ce jeu, les enfants jouent ou miment des vœux généreux comme s'ils avaient des superpouvoirs. Les élèves fabriquent des cartes illustrant les superpouvoirs qu'ils jugent les plus impressionnants et qu'ils aimeraient le plus avoir. D'un côté, ils dessinent une image, de l'autre, ils écrivent le nom de cette qualité : courage, prévenance, patience, tolérance, gentillesse, enthousiasme, sensibilité, appréciation...

Quand toutes les cartes sont prêtes, chaque élève en tire une du tas et doit mimer ce superpouvoir pendant que les autres doivent deviner de quoi il s'agit.

Nous écrivons des poèmes

Pour composer des poèmes de vœux généreux, inutile de se soucier de la rime, du nombre de syllabes, de la structure, de la grammaire, de la ponctuation ou de l'orthographe. Ce qui compte, c'est d'encourager les enfants à donner libre cours à leur imagination. J'ai fait figurer au début de chaque chapitre un poème de vœux généreux écrit par les enfants dans mes classes de pleine conscience. En voici trois parmi mes préférés.

Je peux atteindre mes objectifs
Courageux
Fort
Et résolu à atteindre

VIVRE COMME PARTIE D'UN TOUT

> *Ce dont j'ai besoin*
> *Pour surmonter les problèmes et les échecs*
>
> *J'aimerais que ma vie soit toujours pleine de paix*
> *J'aimerais que ma vie soit toujours pleine de succès*
> *J'aimerais que ma sœur se calme*
> *J'aimerais être toujours en sécurité*
> *J'aimerais que ma vie soit pleine d'enthousiasme*
>
> *J'aimerais avoir des devoirs faciles*
> *J'aimerais avoir beaucoup d'animaux*
> *J'aimerais ne jamais avoir d'ennuis*

QUAND LES VŒUX NE SUFFISENT PAS : L'IMPORTANCE DU GROUPE

En rencontrant le Dr Paul Cummins, éducateur septuagénaire, j'ai d'abord pensé : si un profond engagement pour aider autrui conserve en aussi bonne santé, je m'inscris tout de suite. Dans son cabinet rempli de livres, à la New Visions Foundation, à Santa Monica, nous parlions de la construction du caractère par le service à la communauté, et c'est là qu'il m'a raconté l'histoire du Lanceur d'étoiles, imaginée par Loren Eiseley. Cummins s'est penché par-dessus son bureau couvert de papiers et m'a parlé d'un poète qui se promenait sur la plage, un matin, à marée basse. Le poète voyait des milliers et des milliers d'étoiles de mer échouées sur le rivage, cuisant au soleil. Si elles restaient là, elles allaient sûrement mourir. Au loin, il vit un petit garçon qui cheminait sur le sable. Il se baissait, ramassait les étoiles et les rejetait à la mer. Quand le poète eut rejoint le petit garçon, il dit : « Que fais-tu ? Tu ne peux pas les sauver toutes ! » L'enfant s'agenouilla, ramassa une autre étoile, la jeta dans l'océan et répondit : « Ou mais celle-ci, je l'ai sauvée. » Et il recommença. « J'ai sauvé celle-là. » Et ainsi de suite. Une par une, jusqu'à ce que le poète se mette à l'imiter. Et ensemble ils sauvèrent autant d'étoiles de mer qu'ils le purent[58].

Voilà comment pensent et vivent les gens qui font la différence. Bernie Glassman, organisateur communautaire à New York, exprime le même sentiment lorsqu'il dit : « Je sais qu'on ne peut pas résoudre le problème de tous les sans-abri, mais je consacrerai ma vie à essayer. »

Le Dr Cummins a ensuite cité un passage du poème « Les Bouleaux », de Robert Frost, pour illustrer son propos :

La terre est le bon endroit pour l'amour :
Je ne sais pas où on pourrait en trouver un meilleur.

Cummins s'est renfoncé dans son fauteuil et m'a regardée, jugeant l'effet qu'avaient eu ses paroles.

« Je ne crois pas qu'on puisse enseigner intellectuellement le développement du caractère, il faut que ce soit plus émotionnel et, si possible, plus fondé sur l'expérience. C'est pourquoi la collectivité, l'action du groupe sont si importantes. Et alors que les parents sont témoins de la croissance de leurs enfants grâce au groupe, cela leur rappelle ce qu'est vraiment l'éducation. Il ne s'agit pas de relevés de notes et de l'université où l'on est accepté, mais de quelle sorte d'être humain a émergé de ce processus, qui est celui à qui vous allez dire au revoir, dans un avenir pas si lointain, quand vous l'enverrez à la fac. »

Le Dr Cummins parut un moment mélancolique. En tant qu'éducateur, il avait dit au revoir à beaucoup de jeunes gens.

« Les enfants sentent que leur avenir est terriblement diminué. À l'époque où j'ai grandi, je me plantais devant l'océan et je voyais un horizon sans limites ; quand je le regarde maintenant, je vois de la fumée et je sais que l'océan se remplit de plastique et de détritus. À vingt-cinq ans, ma fille est venue me dire qu'elle allait étudier les questions environnementales. Je lui ai dit que cela m'inspirait des sentiments mitigés. Bien sûr je suis fier d'elle, mais j'éprouve aussi une certaine tristesse, parce que je sais qu'elle s'engage dans une voie où elle ne découvrira que des choses désolantes. "Papa, je sais que nous sommes condamnés, mais je ferai ce que je peux." Et je me suis dit, mon Dieu, c'est affreux qu'une jeune femme de vingt-cinq ans déclare ça. "Je sais que nous sommes condamnés en tant qu'espèce et en tant que planète, mais je ferai ce que je peux."
Voilà la valeur du service communautaire. Il vous donne le sentiment de pouvoir faire quelque chose, et en fait, vous pouvez. Par une ironie du sort, plus ma fille apprend à quel point l'état de la planète est déprimant, moins elle se sent déprimée. Pourquoi ? Parce qu'elle voit des endroits où elle peut au moins avoir un certain impact. Le problème quand on est étudiant, ou collégien, c'est qu'on ne croit pas pouvoir faire la moindre chose pour y remédier. Pour les enfants qui ont une conscience sociale, tout semble aller de mal en pis, les adultes n'arrêtent pas de dire que tout va mal et vous parlent de service communautaire et d'études environnementales à partir des livres. Ce qu'ils vous montrent réellement, c'est la cupidité et la rapacité humaines, et comment des êtres humains ont démoli la planète de manière irrémédiable, et qu'on ne peut plus y changer grand-chose… Mais en partant étudier l'environnement, ma fille a le sentiment de pouvoir agir, au lieu de déprimer et de rester à rien faire en disant "Oh, c'est affreux". »

Le Dr Cummins marqua une pause et inspira profondément.

« Je me suis un peu éloigné de mon sujet, mais ce que je veux dire, c'est que l'action est le premier antidote à la dépression et à l'aliénation. Les enfants risquent d'être tellement déprimés par l'état du monde qu'ils finissent par être coupés de leur propre personnalité et de tous les autres, mais quand ils agissent, ils voient qu'ils peuvent remédier au problème. Et quand ils agissent pour la communauté, ils rencontrent presque fatalement des gens ordinaires qui travaillent sur des choses intéressantes, qui deviennent des héros à leurs yeux. Ils travaillent dans des situations déprimantes par certains côtés, et pourtant ce travail est exaltant, ils ont le sentiment de faire quelque chose. »

En regagnant ma voiture, j'ai pensé aux enfants qui ont des difficultés d'apprentissage, qui ont du mal à résoudre de grands problèmes parce qu'ils n'ont pas la capacité de les décomposer en petits problèmes. Ils sont comme les lanceurs d'étoiles de mer. Aucun problème n'est plus vaste que celui de la vie de notre planète. Ce problème paraît insoluble, mais en le subdivisant en petites tâches, en faisant la différence au niveau local, on commence à remédier aux gros problèmes apparemment insolubles. Un enfant risque moins de se sentir aliéné s'il transforme le monde une étoile de mer à la fois, s'il peut commencer à agir par de petits actes de gentillesse chez lui.

Le Père Noël secret

Dans le jeu classique du Père Noël secret, chacun écrit son nom sur un bout de papier qu'il place ensuite dans un chapeau ou un panier. Chaque membre du groupe tire un nom du chapeau et offre en secret un cadeau à la personne en question.

On peut en faire un jeu de pleine conscience à pratiquer à la maison, dans la classe, ou avec n'importe quel groupe d'enfants ou d'adolescents. Le but du jeu est que chacun accomplisse une bonne action pour la personne dont il a tiré le nom. La bonne action peut se limiter à adresser un compliment à quelqu'un, à l'aider sur un travail ou à faire un dessin. Quand vous jouez avec de jeunes enfants, demandez-leur de vous parler de leurs bonnes actions une fois qu'ils les ont accomplies. Les petits ont besoin d'être félicités et reconnus. Avec des enfants plus âgés, des adolescents ou des adultes, celui qui accomplit la bonne action peut la partager avec le groupe mais il n'est pas obligé. Dans cette version, le bénéficiaire de la bonne action ne saura peut-être jamais qui l'a aidé, ou même qu'il a été aidé. Avec les adolescents, surtout, ce peut être le plus beau cadeau qu'un ami puisse faire à un autre.

CIVISME

Du point de vue de la pleine conscience, la pire erreur est de croire que nous sommes séparés des autres habitants de la planète et de la planète elle-même. L'antidote à cette confusion est une compréhension viscérale de l'interconnexion et de l'interdépendance. Une fois encore, il s'agit de voir avec clarté. La devise qui figure sur le blason des États-Unis dit tout : *E pluribus unum*. Un à partir de plusieurs.

Certains des jeux et activités présentés dans les chapitres précédents orientent les enfants vers une expérience viscérale de l'interconnexion. Manger un raisin sec en pleine conscience, libérer les coccinelles, remercier tout ce qui est venu avant nous, ce ne sont là que trois parmi les nombreuses pratiques qui approfondissent la compréhension de cette vérité fondamentale. À mesure que l'enfant apprend à repérer les connexions entre les personnes, les lieux et les choses, sa compréhension d'autres vérités simples peut se déployer. Il a vu par lui-même la nature changeante de la vie, il commence à comprendre l'impermanence. Il apprend à voir le vécu dans un cadre d'actions et de conséquences, et il perçoit l'importance de la gentillesse et de la compassion du point de vue de l'interdépendance. Lorsqu'il commence à voir clairement les connexions entre ces vérités simples et à reconnaître qu'elles s'entrelacent à sa propre expérience comme les fils de soie dans une tapisserie, il peut mieux comprendre en quoi les êtres vivants dépendent les uns des autres.

Les leçons de civisme prennent vie à travers la communauté et ont un impact viscéral qu'aucun livre ni aucun cours ne peut égaler. Tout comme le disent le Dr Cummins et la gentille princesse, c'est lorsqu'ils se tournent vers la communauté et font quelque chose pour aider les gens que les enfants comprennent le mieux le civisme. Les étudiants ne doivent pas seulement entendre parler du service communautaire, ils doivent incorporer ce concept à ce qu'ils font et disent. Cet apprentissage dépasse le contexte de la classe. Pour paraphraser l'écrivain J. B. Priestley, *ce n'est pas ce qu'on enseigne mais ce qui est mis en relief*, et en enseignant l'art de servir, on met en relief la nécessité de retrousser ses manches et de se mettre au travail. C'est par l'exemple que les enfants apprennent le mieux l'importance du service. L'action communautaire à l'école, c'est formidable, mais rien ne vaut l'exemple d'une figure parentale.

L'engagement en faveur du service et de la communauté soutient et sous-tend toute la formation à la pleine conscience, il est fondamental dans d'autres traditions contemplatives également. Le dalaï-lama a souvent écrit que la voie menant au bonheur et à la paix intérieure passe par l'amour, la compassion et la joie dans le bien-être des autres[59]. La recherche indique que ces qualités favorisent aussi le bonheur et le bien-être. Le Dr Stephen Post consacre sa carrière à étudier la connexion entre altruisme et guérison ; comme les premiers travaux scientifiques sur la pleine conscience, sa recherche confirme ce que les parents, les familles, les communautés et les contemplatifs savent depuis longtemps par expérience. Dans son étude détaillée des liens entre altruisme et santé, le Dr Post évoque l'impact positif des motivations et du comportement altruistes des adolescents sur leur santé et sur leur bien-être par la suite :

> La générativité adolescente (qui se mesure selon trois sous-échelles : le goût pour le don, la compétence prosociale et la perspective sociale)[60] était liée aux trois mesures de la santé psychologique à l'âge adulte. Les adolescents génératifs avaient donc tendance, plus de cinquante ans après, à se déclarer satisfaits de la vie ; à être paisibles, heureux et calmes (c'est-à-dire en bonne santé mentale) et moins déprimés que les autres adultes. Chacune des trois sous-échelles de la générativité était liée positivement à la satisfaction face à la vie, mais seule la compétence prosociale et la perspective sociale étaient en corrélation avec la santé mentale, et seule la compétence prosociale était négativement liée à la dépression[61].

RETOUR AU POINT DE DÉPART

L'action du groupe pendant les moments difficiles que nous traversons nous impose de gérer des expériences externes de plus en plus complexes, et donc de puiser dans notre propre force intérieure. Dans son livre *Plaidoyer pour le bonheur*, Matthieu Ricard évoque des études selon lesquelles « les personnes les plus aptes à maîtriser leurs émotions (en les contrôlant sans pour autant les réprimer) sont aussi celles qui manifestent le plus souvent un comportement altruiste lorsqu'elles sont confrontées à la souffrance des autres. La majorité des personnes hyperémotives sont davantage préoccupées par leur trouble à la vue des souffrances dont elles sont le témoin que par la manière dont elles pourraient y remédier[62]. » Ces études nous rappellent que la voie du service nous ramène à l'introspection, là où nous avons commencé. Comme un cercle, peu importe si c'est le service, la science, l'intelligence émotionnelle, le soin de la santé, la régulation de l'attention, l'éducation, la santé mentale ou simplement le désir d'aider nos enfants qui nous inspire et nous pousse à pratiquer la pleine conscience avec des enfants et leur famille. Quelle que soit la raison, c'est l'une des nombreuses voies d'accès à la même autoroute circulaire. Personne ne l'a décrit mieux que T. S. Eliot dans ses *Quatre Quatuors* :

> Nous ne cesserons pas notre exploration
> Et le terme de notre quête
> Sera d'arriver là d'où nous étions partis
> Et de savoir le lieu pour la première fois[63].

La douce et gentille princesse, suite et fin

Au chapitre 3, nous avons laissé la princesse alors qu'elle s'adressait à la foule des élèves et des villageois du haut du trône doré de l'École de la Sagesse. Elle enseigna que tout, absolument tout, est plus grand qu'on ne pense : vos amis, votre ville, votre pays. Les montagnes, les mers et les cieux sont tous plus grands. Tout est si grand que nous ne pouvons jamais vraiment voir l'ensemble du tableau. Mais ce que nous voyons, ce sont les coutures, les points de rencontre, les lieux où les choses se connectent entre elles. Et c'est en remarquant ces lieux, ces zones où les choses se réunissent, que nous commençons à comprendre le tout. La gentille princesse parla de tout ce qu'elle avait appris pendant que les professeurs et les autres élèves pensaient qu'elle rêvait. Elle leur rappela l'importance du groupe : « La Terre tourne en rond, la marée va et vient, et le même soleil brille sur chacun de nous, il est donc logique de prendre bien soin de notre planète et de tous ceux qui y vivent. »

Puis elle partagea avec la foule un important secret, que même ceux qui le connaissent oublient souvent : le secret du bonheur, c'est d'être bienveillant avec les autres et avec soi-même. « En étant bienveillant et en aidant les autres, vous prenez soin de vous, et en prenant soin de vous et en étant bienveillant avec vous-même, vous aidez les autres aussi. »

Le dernier jour, alors qu'elle prononçait des vœux généreux, il se produisit une chose stupéfiante. Il s'avéra que pendant tout le temps qu'elle avait passé à rêver, la princesse avait acquis des superpouvoirs. Elle quitta son trône et se mit à voler. Après avoir partagé le secret du bonheur avec tous ses amis, et avec tous les habitants du royaume magique, la princesse rêveuse s'envola. Personne ne la revit plus jamais. Mais dans mon imagination, je la vois voler dans le ciel indigo, toutes les nuits, tirant des gentilles intentions d'un grand sac à dos multicolore et les lâchant dans l'air — tout comme le cerf dans notre histoire. Les gentilles intentions descendent sur tous les gens de son école, sur sa famille, ses amis, sur tout le monde, sur les oiseaux, les écureuils, les insectes, sur tous les êtres vivants de la planète. Puissent-ils être heureux, puissent-ils être en bonne santé, puissent-ils être en sécurité, puissent-ils vivre en paix avec leur famille et avec ceux qu'ils aiment.

Dans mon imagination, tandis que les gentilles intentions de la douce et gentille princesse descendent du ciel, ces mêmes gentilles intentions tombent sur vous et moi.

Que la lumière remplace toujours l'obscurité
Que l'amour l'emporte toujours sur la haine
Que j'obtienne une bonne note à mon devoir
Même si je l'ai rendu avec trois jours de retard.

Poème de vœux généreux,
élève d'un lycée Inner Kids

ÉPILOGUE
Terre inconnue peuplée de dragons

Il y a des siècles, les cartographes écrivaient « Terre inconnue peuplée de dragons » pour désigner les zones qui restaient à explorer. Pour certains, c'était l'endroit où cessait la connaissance empirique, pour d'autres c'était l'endroit où l'aventure commençait. Cette formule a perdu de sa valeur quand l'ensemble de la surface de la Terre a été exploré, du moins sur les cartes du monde matériel.

Mais l'esprit humain est encore en grande partie un territoire qui reste à cartographier. Dans les laboratoires, les salles de classe, les hôpitaux, les camps d'été et les écoles du monde entier, une nouvelle expédition a démarré. Cette fois, les explorateurs ne sont pas armés de sabres, ils ne se battent pas contre des pirates. Cette fois, ils enlèvent leurs chaussures et s'assoient par terre en tailleur pour méditer avec des enfants, des adolescents et leur famille. Ce nouveau monde est peuplé de bébés, de genoux écorchés, de rires et de lait répandu. En le voyant, Barbe-Noire serait sans doute reparti en courant vers son bateau.

La pratique de la pleine conscience avec des enfants est encore un territoire à cartographier. Je m'y suis consacrée assez longtemps, j'ai fait assez de recherches pour avoir la certitude absolue qu'il existe de nouveaux mondes à découvrir. Le voyage ne fait que commencer, et j'espère que vous vous y joindrez. Dans ce cas, voici une liste préliminaire :

* Trouvez un ami qui se joint à vous et qui verra grandir votre cercle d'amis en pleine conscience.
* Invitez d'autres membres de la famille à vous rejoindre également.
* Trouvez un guide qui connaît le territoire, en l'occurrence un professeur de méditation.
* N'oubliez pas vos cartes ! Ici, les cartes sont les enseignements classiques de la pleine conscience.
* Et surtout, gardez un œil sur la boussole, que vous trouverez en regardant en vous-même afin de découvrir le nouveau monde qui s'y trouve depuis toujours.

Remerciements

Il serait impossible de nommer tous ceux qui ont contribué à ce livre, parce que cela voudrait dire littéralement tous les gens qui font partie de ma vie depuis dix ans. Je vous remercie tous du fond du cœur, mais plus particulièrement

Ma famille : Seth, Allegra et Gabe Greenland. Mes défunts parents Bette et Paul Kaiser ; ma sœur Catey Bolton et sa famille ; mon défunt frère Bill Kaiser ; ma belle-famille, feu Rita Greenland, Leo Greenland et son épouse Eileen Greenland.

Mes maîtres formels : Ken McLeod, Ruth Gilbert et Yvonne Rand.

Mes maîtres moins formels : Trudy Goodman, Suzi Tortora, Janaki Symon, Marjorie Schuman, Gay Macdonald, Sue Ballentine et Paula Daschiel.

Mes plus grands maîtres : mes élèves et enfants.

Ceux qui ont travaillé au conseil d'administration et au conseil consultatif d'Inner Kids : Lisa Henson, Sue Smalley, Charles Stanford, Ken McLeod, Seth Greenland, Alan Wallace, Suzi Tortora, Adam Engle, Lonnie Zeltzer, Gay Macdonald, Paul Cummins, Jeffrey Schwartz, Daniel Siegel, Trudy Goodman, Theo Koffler, Jay Gordon et Miles Braun.

Ceux avec qui j'ai enseigné : Suzi Tortora, Trudy Goodman, Tom Nolan, Jeffrey Khoo, Tricia Lim, Diana Winston, Annaka Harris, Mary Belzer, Jenny Manriquez, Adrienne Levin, Gene Lushtak, Daniel Davis, Stephanie Meyers, Cathy Heller, Yaffa Lera, Susan Ladd, Peri Doslu, Jeane Pissano, Ellis Enlo et Karen Eastman.

Ceux qui ont rendu ce livre possible : mon agent Susan Rabiner, mon éditrice Leslie Meredith et mon éditrice adjointe Donna Loffredo.

Je n'aurais rien pu faire sans : Lisa Henson, et les maîtres, Steve Reidman, Dan Murphy, Jenny Manriquez et Annaka Harris.

Les chercheurs inspirés par la pratique de la pleine conscience avec des enfants, qui se sont intéressés au programme Inner Kids : Sue Smalley, Lisa Flook, Michele Mietrus-Snyder, Jean Kristeller, Lonnie Zeltzer, Lidia Zylowska, Jenny Kitil et Brian Galla.

Ceux qui m'ont aidée pour ce livre, par leurs conversations ou en lisant le premier jet : Seth Greenland (dont les histoires sont présentes un peu partout), Gil Fronsdale, Sumi Loudon, Annaka Harris, Alan Wallace, Gioconda Belli, Lisa Flook, Antoine Lutz, Daniel Siegel, Jeffrey Schwartz, Trudy Goodman, Marjorie Schuman, Michele Mietrus-Snyder, Jean Kristeller, Jack Kornfield, Jon Kabat-Zinn.

Les femmes actives qui m'ont soutenue et continuent à m'apporter un soutien incommensurable : il serait impossible de les nommer toutes, mais en voici quelques-unes : Anna Mcdonnel, Judy

Rothman Rofe, Lori Mozilo, Judy Meyers, Laurie Levit, Lauren White, Amy Spies-Gans, Nancy Kanter, Jane Wald, Alex Rockwell, Nancy Romano, Kristie Hubaard, Melissa Bacharach, Leslie Glatter, Liz Dublemann, Carol Moss, Laura Baker, Jennifer Gray et Mary Gwynn.

Notes

1. Pour d'excellents ouvrages accessibles sur l'enseignement classique de la pleine conscience de la respiration, voir les livres d'Alan Wallace, *The Attention Revolution : Unlocking the Power of the Focused Mind* (Boston : Wisdom Publications, 2006) et de Larry Rosenberg, *Breath by Breath* (Boston : Shambala, 1999).

2. Nyanaponika Thera et Bhikku Bodhi, *Numerical Discourses of the Buddha : An Anthology of Suttas from the Anguttara Nikaya* (Walnut Creek, CA : AltaMira Press, 2000), 253.

3. Peu après que j'ai commencé à méditer avec ma famille, Jon Kabat-Zinn et son épouse Myla ont publié un merveilleux livre sur la pleine conscience et la vie de famille, intitulé *À chaque jour ses prodiges : être parent en pleine conscience* (Paris : Les Arènes, 2012).

4. Jonah Lehrer, « Misreading the Mind », *L.A. Times*, 20 janvier 2008.

5. Carlos Castaneda, *L'Herbe du diable et la petite fumée : une voie yaqui de la connaissance*, trad. M. Doury (Paris : Christian Bourgois, 1984), 110.

6. Rosenberg, *Breath by Breath*, 12.

7. Robert Sapolsky, *Why Zebras Don't Get Ulcers*, 3e édition (New York : Holt, 2004), 10-15.

8. *Ibid.*, 16.

9. Jack Kornfield, *Bouddha, mode d'emploi*, trad. D. Thomas (Paris : Belfond, 2011), 84-85.

10. Bill Moyers, *Healing and the Mind* (New York : Broadway Books, 1993), 128-129.

11. Comme pour de nombreux contes antiques, il existe d'autres versions que celle-ci, qui est tirée d'un classique sur le bouddhisme tibétain : Patrul Rinpotché, *Le Chemin de la grande perfection* (Saint-Léon-sur-Vézère : Padmakara, 1997). Dans une autre version, relatée par Pema Chodron, les trois défauts sont le pot plein, le pot troué et le pot contenant du poison. Le pot plein représente l'esprit d'une personne qui croit tout savoir, où il n'y a plus de place pour autre chose. Le pot troué représente l'esprit perturbé, comme évoqué ici. Le pot rempli de poison est l'esprit cynique, critique, qui juge. Pema Chodron, *Il n'y a plus de temps à perdre : la "Voie du bodhisattva" adaptée à notre époque*, trad. C. Lefranc (Paris : Courrier du Livre, 2011).

12. Une étude réalisée en septembre 2007 par le National Center on Addiction and Substance Abuse, à l'université Columbia, a découvert un lien entre la consommation de tabac, d'alcool et de drogue par les adolescents et le nombre de fois où leur famille dînait ensemble dans la semaine, l'impact le plus fort étant ressenti chez les plus jeunes. Les adolescents qui ne mangent pas souvent en famille sont 3,5 fois plus susceptibles d'avoir abusé des drogues légales ; 3,5 fois plus susceptibles d'avoir recours aux drogues illégales autres que la marijuana ; plus de 2,5 fois plus susceptibles d'avoir consommé du tabac ; et 1,5 fois plus susceptible d'avoir bu de l'alcool. Des résultats similaires ont été découverts avec les 12-13 ans : ceux qui prennent rarement leurs repas en famille sont 6 fois plus susceptibles d'avoir pris de la marijuana ; plus de 4,5 fois plus susceptibles d'avoir fumé du tabac ; et plus de 2,5 fois plus susceptibles d'avoir bu de l'alcool. Voir Joseph Califano, *How to Raise a Drug-Free Kid* (New York : Simon & Schuster, 2009).

13. Pour un bilan historique du lien entre enfance et jeu, et sur l'influence du jeu pour affirmer l'autonomie de l'enfant, voir l'ouvrage exhaustif de Howard Chudacoff, *Children at Play* (New York : New York University Press, 2007).

14. Shunryu Suzuki, *Esprit zen, esprit neuf*, trad. S. Carteron (Paris : Seuil, 1977).

15. Même si je me suis accordé beaucoup de libertés, l'histoire de la douce et bonne princesse s'inspire du classique de Shantideva, *Guide du mode de vie du bodhisattva* (Saint-Mars-d'Outillé : Tharpa, 2009).

16. *The Vision of Dhamma : Buddhist Writings of Nyanaponika Thera (Vipassana Meditation and the Buddha's Teachings)* (Onalaska, WA : Pariyatti Publishing, 2000), 309, 323.

17. On trouvera une discussion plus exacte des systèmes proprioceptif et vestibulaire dans le livre de Suzi Tortora, *The Dancing Dialogue : Using the Communicative Power of Movement with Young Children* (Baltimore : Brookes Publishing, 2006), 114-115.

18. Al Chung-Liang Huang et Alan Watts, *Tao : The Watercourse Way* (New York : Pantheon, 1977).

19. B. Alan Wallace et Bhikkhu Bodhi, « The Nature of Mindfulness and Its Role in Buddhist Meditation : A Correspondence between B. Alan Wallace and the Venerable Bhikkhu Bodhi », manuscrit inédit, hiver 2006, Santa Barbara Institute for Consciousness Studies, Santa Barbara, CA.

20. Jon Kabat-Zinn, *Au cœur de la tourmente, la pleine conscience : MBSR, la réduction du stress basée sur la mindfulness, programme complet en 8 semaines*, trad. C. Maskens (Bruxelles : De Boeck, 2009).

21. Maggie Jackson, *Distracted : The Erosion of Attention and the Coming Dark Age* (New York : Prometheus Books, 2008), 258.

22. Amir Raz et Jason Buhle, « Typologies of Attentional Networks », *Nature*, mai 2006, 367-379.

23. Jackson, *Distracted*, 237-238.

24. Michael I. Posner et Mary Klevjord Rothbart, *Educating the Human Brain* (New York : American Psychological Association, 2006), 59-61.

25. *Ibid.*, 210.

26. *Ibid.*

27. Kirk Warren Brown, Richard M. Ryan et J. David Creswell, « Mindfulness : Theoretical Foundations and Evidence for Its Salutary Effects », *Psychological Inquiry : An International Journal for the Advancement of Psychological Theory* 18, n° 4 (2007).

28. B. Alan Wallace, *The Attention Revolution : Unlocking the Power of the Focused Mind* (Boston : Wisdom Publications, 2006), 6.

29. *Ibid.*, 3.

30. Wallace, *Attention Revolution*, 13.

31. *Ibid.*, 30-31.

32. Jeffrey M. Schwartz, *Brain Lock : Free Yourself from Obsessive-Compulsive Behavior* (New York : Harper Perennial, 1997).

33. Posner et Rothbart, *Educating the Human Brain*, 91.

34. Christine Alan Burke, « Mindfulness-Based Approaches with Children and Adolescents : A Preliminary Review of Current Research in an Emergent Field », *Journal of Child and Family Studies* (2009).

35. I. Flook, S.L. Smalley, M.J. Kitil, B. Galla, S. Kaiser-Greenland, J. Locke, E. Ishijima et C. Kasari (à paraître), « Effects of Mindful Awareness Practices on Executive Functions in Elementary School Children », *Journal of Applied School Psychology*.

36. *Ibid.*

37. *Ibid.*

38. Susan Smalley, « Reframing ADHD in the Genomic Era », *Psychiatric Times* (2008), 74-78.

39. Flook *et al.*, « Effect of Mindful Awareness », à paraître.

40. S.R. Bishop, M. Lau, S. Shapiro, L. Carlson, N.D. Anderson, J.F. Carmody, *et al.*, « Mindfulness : A Proposed Operational Definition », *Clinical Psychology : Science and Practice* 11 (2004), 230-241.

41. Wallace et Bodhi, « Nature of Mindfulness », *op. cit.*

42. Pour en savoir plus sur le programme Council, voir Jack M. Zimmerman, *The Way of Council* (Las Vegas : Bramble Books, 1996).

43. Analayo, *Sattipatthana : The Direct Path to Realization* (Minneapolis : Windhorse Publications, 2004), 57.

44. Shauna Shapiro et Linda Carlson, *The Art and Science of Mindfulness : Integrating Mindfulness into Psychology and the Helping Professions* (Washington, DC : APA Books, 2009), 126.

45. *Ibid.*, 53, 65.

46. Correspondance personnelle avec Michele Mietus-Snyder.

47. Jeffrey M. Schwartz, *Dear Patrick : Life is Tough – Here's Some Good Advice* (New York : Harper Perennial, 2003), 116.

48. Zimmerman et Coyle, *The Way of Council*, 144.

49. Mark Brady, « Food-Rehabbing My Big Fat Brain », *The Committed Parent*, mis en ligne le 2 août 2009. http://committedparent.wordpress.com/2009/08/02/food-rehabbing-my-big-fat-brain/.

50. Joseph Goldstein, *Abiding in Mindfulness*, enregistrement audio (Louisville, CO : Sounds True, 2007).

51. Sa Sainteté le dalaï-lama et Howard C. Cutler, *L'Art du bonheur*, trad. A. Calmevent (Paris : Robert Laffont, 1999).

52. Daniel J. Siegel, *The Mindful Brain : Reflection and Attunement in the Cultivation of Well-being* (New York : W.W. Norton, 2007).

53. Le travail de Dan Siegel se fonde sur la recherche sur l'attachement et l'activité de cellules cérébrales spécifiques appelées neurones miroirs. La question de neurones miroirs et de l'attachement sain entre parent et enfant dépasse la portée de ce livre, mais est longuement traitée dans les écrits de Siegel, *The Developing Mind* et *The Mindful Brain*.

54. Stanley I. Greenspan, *Parlez avec votre enfant : les années d'école*, trad. L. Kiéfé (Paris : Payot/Rivages, 1994), 45.

55. Siegel, *The Mindful Brain*, 697.

56. Pour un livre charmant et accessible sur la vie de Shantideva (qui a inspiré l'histoire de la princesse magique), voir Dominique Townsend, *Shantideva's Way of the Bodhisattva* (New York : Tibet House, 2009). Et pour les enseignements de Shantideva, voir le *Guide du mode de vie du bodhisattva*, *op. cit.*

57. Lonnie K. Zeltzer et Christina Blackett Schlank, *Comprendre et vaincre la douleur chronique de votre enfant*, trad. N. Koralnik (Paris : Retz, 2007).

58. « Le lanceur d'étoiles de mer » est un des textes réunis dans *L'Univers inattendu*, de Loren Eiseley. Les détails de l'histoire ne sont pas exactement ceux que raconte Paul, mais l'esprit en est respecté.

59. Voir Dalaï-Lama et Howard C. Cutler, *L'Art du Bonheur*, Clint Willis, *A Lifetime of Wisdom, Essential Writings by and about the Dalai Lama* (Boston : Marlowe and Company, 2002), et Dalaï-Lama, *L'Art de la compassion* (Paris : Robert Laffont, 2002).

60. Voir Stephen G. Post, *Altruism and Health Perspectives from Empirical Research* (New York : Oxford University Press, 2007), 46.

61. *Ibid.*, 46-49.

62. Matthieu Ricard, *Plaidoyer pour le bonheur* (Paris : Nil, 2003), 208.

63. T.S. Eliot, *Poésie*, trad. P. Leyris (Paris : Seuil, 1976), 221.

Table

INTRODUCTION. LE NOUVEL ABC : ATTENTION, BIEN-ÊTRE ET COMPASSION — **9**
    Chapitre 1 à 4 : les pierres angulaires de la pleine conscience — **23**
    Chapitres 5 et 6 : voir et comprendre clairement l'expérience vécue — **25**
    Chapitres 8 et 9 : utiliser la pleine conscience dans la vraie vie — **27**
    Le nouvel ABC : Attention, Bien-être et Compassion — **30**
    La pleine conscience ensemble — **32**

1. CE QU'IL FAUT SAVOIR DE LA PLEINE CONSCIENCE — **35**
    Qu'est-ce qu'un enfant pleinement conscient ? — **39**
    Vous êtes davantage que la somme de vos parties — **41**
    Quatre regards sur la pleine conscience — **43**
    La pleine conscience ensemble : inspirer profondément pour bien démarrer la journée — **53**

2. COMMENT MOTIVER LES ENFANTS À MÉDITER — 55

Pleins feux sur la motivation — 58
Promener les chiens : Intention, Ardeur et Persévérance — 63
Faites simple — 66
Faites amusant — 68
Faites pour le mieux — 72
Conseils pratiques pour se mettre à la méditation — 74
La pratique quotidienne : de l'intérêt de trouver des gens pour vous accompagner — 78
La pleine conscience ensemble — 80

3. LA RESPIRATION OU L'ART DU CALME — 83

Trouver ce qui est déjà là — 85
Éloge de la gentillesse — 89
Exercices de gentillesse — 91
Inspirez… expirez — 93
La conscience de la respiration tout en marchant ou en position couchée — 101

4. L'ATTENTION, ÇA S'APPREND — 117

L'attention n'est pas ce que vous croyez — 118
Le premier type d'attention : l'attention directe focalisée — 122
On peut façonner son cerveau — 129
Deuxième type d'attention : la conscience ouverte et réceptive — 132
Troisième type d'attention : prévision, organisation et autorégulation — 135
La pleine conscience ensemble : le chant, le jeu, la danse, la création, pour faire l'expérience de l'esprit — 140

5. PLEINE CONSCIENCE, BIENVEILLANCE ET COMPASSION — 143

De la place pour respirer — 149
La petite voix intérieure — 152
Rien ne dure éternellement — 156
Votre meilleur ami, c'est vous — 157
Découvrir la beauté qui est toujours en nous — 163

6. L'ÉVEIL DES SENS — 165

- Les portes de vos sens — 170
- Ce que vous entendez — 171
- Ce que vous touchez — 177
- Ce que vous voyez — 180
- La conscience de votre corps comme totalité — 182
- Faire de la musique ensemble et diriger un orchestre de pleine conscience — 183
- Des outils pour renforcer la conscience — 186
- La pleine conscience ensemble : pouce levé, pouce baissé ou pouce horizontal — 189
- La pleine conscience ensemble : écouter ce que notre corps tente de nous dire — 192
- La pleine conscience ensemble — 195

7. LA LIBERTÉ ÉMOTIONNELLE — 197

- La conscience des pensées, des émotions, et comment nous y réagissons — 201
- La conscience des pensées — 202
- Être conscients de nos comportements automatiques — 205
- La conscience des émotions et de la réactivité émotionnelle — 208
- Les actes ont des conséquences — 211
- Antidotes à la tristesse — 214

8. S'ACCORDER AVEC LES AUTRES ET DÉVELOPPER L'HARMONIE PARENT/ENFANT — 221

- Se mettre en harmonie avec soi-même — 224
- Suivez le chef à l'envers — 225
- Bien refléter l'autre — 229
- Jetez tout ça sur un papier — 232
- Un carnet de bord en pleine conscience — 233
- La pleine conscience ensemble : voir les personnes difficiles comme si elles avaient été vos enfants — 238

9. VIVRE COMME PARTIE D'UN TOUT — 241

- Quand nos vœux se réalisent — 244

TABLE

Quand les vœux ne suffisent pas : l'importance du groupe   248
Civisme   252
Retour au point de départ   255

ÉPILOGUE. TERRE INCONNUE PEUPLÉE DE DRAGONS   259

Remerciements   261
Notes   265

QUELQUES CONSEILS POUR L'UTILISATION DU CD

par Soizic Michelot*

1. « Y a-t-il une position particulière pour méditer ? »

Les exercices peuvent être faits assis ou allongé. La posture conseillée est indiquée au début de chaque piste. En position assise (sur un coussin ou sur une chaise), le plus important est d'avoir un bon ancrage sur le sol (avec les pieds, les genoux et les fesses) et si possible de garder le dos droit pour soutenir la vigilance.
Mais l'essentiel reste que l'enfant se sente à l'aise. Il n'est pas nécessaire d'être trop rigoureux sur la posture et sur l'immobilité du corps avec les plus jeunes. L'idéal est de les laisser faire de leur mieux. Les enfants apprennent avant tout une posture de l'esprit !

2. « Faut-il un matériel particulier ? »

De manière générale, non. Des vêtements confortables, une chaise ou éventuellement un petit coussin de méditation suffisent. Pour les exercices allongés, l'enfant peut s'installer sur un lit ou sur un tapis. Dans l'exercice 2 vous pouvez éventuellement prévoir une peluche ou un petit oreiller. Et dans l'exercice 6, l'enfant aura besoin d'un raisin sec pour l'expérience des cinq sens.

3. « Faut-il un endroit particulier ? »

Pour éviter trop de sources de distraction, un endroit calme et en retrait est préférable, de façon que les enfants puissent au maximum jouer le jeu ! L'exercice 4 se réalise si possible à l'extérieur : dans la nature, dans un parc ou, pourquoi pas, installé à une fenêtre.

4. « Y a-t-il des moments préférables dans la journée pour méditer ? »

Non, les exercices peuvent être réalisés à tous moments et être envisagés comme des petits temps de pause dans la journée. Et puisque ces méditations sont courtes, elles peuvent se faire le matin, avant de partir à l'école par exemple ou, pourquoi pas, le soir avant d'aller se coucher. Tous les moments sont bons pour méditer !

5. « Faut-il faire tous les exercices du CD ? »

Non, un ou deux exercices suffisent ! L'idée est plutôt de faire un peu, régulièrement, que beaucoup d'un coup !

6. « Faut-il suivre un ordre particulier ? »

Non, ces exercices peuvent être faits dans l'ordre ou le désordre. Votre enfant peut tout simplement choisir celui qui lui convient le mieux en fonction de sa sensibilité et de ses besoins du moment. Le *Yoga de l'étoile de mer* et *Le Voyage du papillon* peuvent être de bonnes introductions car ils invitent à ressentir le corps et à se détendre. Mais ce n'est pas une règle. L'enfant peut poursuivre par un autre exercice ou n'en faire qu'un seul de son choix.

7. « Que faire si mon enfant "n'accroche" pas à la méditation ? »

Ces exercices peuvent être parfois faciles et apaisants et parfois plus inconfortables. Il est donc tout à fait normal que l'enfant se sente à l'aise à certaines périodes et qu'il rencontre plus de résistances à d'autres. Ce n'est pas un problème. Laissez-le aller à son rythme et proposez-lui éventuellement d'alterner avec d'autres exercices ou avec des histoires puisées dans le livre. Proposez, mais ne forcez rien. Laissez-lui la liberté d'y revenir plus tard et de redécouvrir les exercices sous un nouveau jour.

8. « Faut-il méditer tous les jours ? »

Ces exercices sont des entraînements à l'attention, l'attention à soi-même et l'attention aux autres. Et comme tout entraînement, cela demande, si possible, une certaine régularité. Pourquoi pas tous les jours si votre enfant est partant ? Mais il n'y a pas d'impératif, pas de but à atteindre… Il n'est donc pas utile de poser un cadre trop contraignant pour les enfants. Laissez-les revenir à ces exercices de temps à autre, les redécouvrir jour après jour ou par petites périodes.

9. « Faut-il méditer avec l'enfant ou le laisser faire tout seul ? »

Les deux ! Laisser l'enfant méditer seul peut lui permettre de s'approprier les exercices et lui donner l'occasion d'être autonome. L'accompagner dans cette démarche peut également être l'opportunité d'un moment de partage, non pas pour « faire » quelque chose ensemble mais pour « être » ensemble : pour respirer, écouter, sentir !… Peut-être aussi l'occasion pour les adultes de s'accorder un temps de pause, un temps pour « décrocher » et pour mettre en application ce qui est demandé aux enfants. Méditer est tout aussi bénéfique pour les petits que pour les grands… Les exercices auront d'autant plus de force si les enfants vous voient les mettre en pratique !

10. « Y a-t-il des exercices plus difficiles que d'autres ? »

Non, ils sont tous accessibles. Le *Yoga de l'étoile de mer* est un exercice en mouvement. Il invite les enfants à prendre conscience de leurs sensations physiques et à s'ancrer dans le corps. Les exercices 2 à 6 proposent différents supports d'attention : la respiration, le son, la vue, les sensations et dans l'*exercice du grain de raisin*, les cinq sens. Tous ces exercices sont autant d'invitations à ressentir plutôt qu'à réfléchir. L'exercice 7 a pour but de familiariser les enfants avec la notion de changement, comme faisant partie intégrante de la vie. Enfin « *Tout comme moi* », inspiré d'une pratique de Mirabai Bush, est une invitation à développer l'attention aux autres. Les enfants peuvent choisir à leur guise les exercices avec lesquels ils se sentent le plus à l'aise.

* Le CD audio n'existant pas dans l'édition américaine de ce livre, nous remercions vivement Susan Kaiser Greenland de nous avoir donné accès aux exercices qu'elle pratique dans son programme « Inner Kids ». Sa disponibilité et son aide ont été des atouts majeurs dans la finalisation de ce projet. Notre reconnaissance va aussi à Soizic Michelot pour le travail d'adaptation minutieux qu'elle a effectué sur ces textes. (*N.d.E*)

MÉDITATION :
LA COLLECTION DE RÉFÉRENCE

« La pleine conscience est une façon d'être. Son essence est universelle. » Jon Kabat-Zinn

L'Éveil des sens
Vivre l'instant présent
grâce à la pleine conscience
Jon Kabat-Zinn

Méditer, jour après jour
25 leçons pour vivre
en pleine conscience
Christophe André

AVEC UN CD DE 10 MÉDITATIONS GUIDÉES

Méditer
108 leçons de pleine conscience
Jon Kabat-Zinn

AVEC UN CD DE 12 MÉDITATIONS GUIDÉES

Le Cerveau de Bouddha
Bonheur, amour et sagesse
au temps des neurosciences
*Rick Hanson avec
le Dr Richard Mendius*

À chaque jour ses prodiges
Être parent
en pleine conscience
Myla et Jon Kabat-Zinn

Calme et attentif
comme une grenouille
Eline Snel

AVEC UN CD DE 10 MÉDITATIONS GUIDÉES

Méditer,
c'est se soigner
Dr Frédéric Rosenfeld

Manger en pleine conscience
La méthode des sensations
et des émotions
Dr Jan Chozen Bays

AVEC UN CD DE 10 MÉDITATIONS GUIDÉES

Apprendre à méditer
Bob Stahl et Elisha Goldstein
AVEC UN CD DE 21 MÉDITATIONS GUIDÉES

Le Pouvoir des petits riens
52 exercices quotidiens
pour changer sa vie
Rick Hanson

Méditer au travail
Pour concilier sérénité
et efficacité
Michael Chaskalson
AVEC UN CD DE 8 MÉDITATIONS GUIDÉES PAR CHRISTOPHE ANDRÉ

**Frappe le ciel,
écoute le bruit**
Ce que vingt-cinq ans
de méditation m'ont appris
Fabrice Midal

**Reconquérir le moment
présent... et votre vie**
La méditation de pleine
conscience pour les débutants
Jon Kabat-Zinn
AVEC UN CD DE 5 MÉDITATIONS GUIDÉES

**L'Esprit est
son propre médecin**
Le pouvoir de guérison
de la méditation
*Jon Kabat-Zinn
et Richard Davidson*

Direction éditoriale : Catherine Meyer
Coordination éditoriale : Maude Sapin
Direction artistique : Sara Deux
Maquette : Daniel Collet (In Folio)
Révision : Marie Sanson

Achevé d'imprimer en France par Corlet Imprimeur
à Condé-sur-Noireau (Calvados) en août 2015.

ISBN : 978-2-35204-323-2
N° d'impression : 175326
Dépôt légal : septembre 2014